Habeas Corpus
no Cível

A647h   Appio, Eduardo
          Habeas corpus no cível / Eduardo Appio – Porto
Alegre: Livraria do Advogado, 2000.
          110 p.; 14x21 cm.

          ISBN 85-7348-138-2

          1. Habeas corpus: Direito Civil. I. Título.

          CDU 342.721:347

          Índice para catálogo sistemático

          Habeas corpus: Direito Civil

(Bibliotecária responsável: Marta Roberto, CRB-10/652)

EDUARDO APPIO

Habeas Corpus no Cível

livraria
DO ADVOGADO
editora

Porto Alegre
2000

© Eduardo Appio, 2000

Capa, projeto gráfico e diagramação de
Livraria do Advogado Editora

Revisão:
Rosane Marques Borba

Direitos desta edição reservados por
Livraria do Advogado Ltda.
Rua Riachuelo, 1338
90010-273 Porto Alegre RS
Telefax: 0800-51-7522
E-mail: info@doadvogado.com.br
Internet: www.doadvogado.com.br

Impresso no Brasil / Printed in Brazil

Dr. Valdomiro Loch, advogado.
In memoriam

Agradecimentos

Dr. *Gláucio Pereira*, Procurador de Justiça inativo do Paraná e da Fundação ESMP do Paraná.

Venessa, esposa e amiga de todas as horas.

Prefácio

Conheci o Dr. Eduardo Appio quando já integrava o jovem jurista o *Parquet* do Estado do Paraná. Algum tempo depois, retornou para o Rio Grande do Sul, na condição de Juiz de Direito da Comarca de Taquara. Poucos meses bastaram para assegurar-lhe o respeito da comunidade jurisdicionada pela ponderação e o dinamismo da sua atividade funcional e a admiração do Tribunal de Justiça expressa nos elogios às suas exemplares decisões, quando submetidas ao crivo recursal. Neste mês de janeiro, crismou a sua vocação para a magistratura, tomando posse no cargo de Juiz Federal, designado para Blumenau, Santa Catarina, após obter excelente classificação naquele severo e disputado concurso.

Concomitantemente aos sucessos obtidos na sua exitosa carreira jurídica, jamais descurou do aprimoramento intelectual, continuando seus estudos em nível de pós-graduação e mestrado. Frutos desse acendrado autor à ciência espraiam-se em artigos e monografias, a última delas esta a que me foi dada a insigne honra de prefaciar.

O *"Habeas Corpus* no Cível" pertence àquela rara categoria de livros jurídicos que pela clareza expositiva, metódica abordagem e singular visão crítica há de permanecer como referencial básico no complexo tema nele abordado, materializando-se, ademais, como obra de consulta indispensável para os lidadores do direito. Aborda com cirúrgica precisão os intrincados aspectos científicos de ordem doutrinária envolvidos na obra, com o exclusivo intuito de sistematizar, clarificar e simplificar, ao contrário de tantas outras obras jurídicas onde o móvel maior parece ser o da estéril demonstração de cultura, não raro inçada de intermináveis remissões a autores estrangeiros. Por isso mesmo, há de constituir-se, também, em precioso instrumento de consulta para os operadores do Direito, eis que resolve os problemas que aborda ou estabelece nítidas linhas alternativas para o encontro de soluções nos complexos casos concretos que envolvem a prisão civil. A essas hipóteses, denomina H. L. A. Hart de "casos problemáticos" que exigem para uma correta decisão a manifestação de virtudes judiciais características, tais a imparcialidade e a neutralidade na pesquisa das alternativas, o respeito aos interesses de todos os que serão afetados e a preocupação de se colocar em prática princípios gerais aceitáveis como base razoável para a decisão (*He Concept of Law*, p. 200). Essas características enfatizadas por Hart permeiam o *"Habeas Corpus* no Cível" do em. Dr. Eduardo Appio, com ênfase especial na segura amarração à perspectiva constitucional.

Aliás, como excelentemente acentuado pelo em. Min. Luiz Vicente Cernicchiaro em paradigmático aresto, "o processo penal (extensão material) não se esgota no Código de Processo Penal. *A Constituição da República engloba a lei de ritos, amplia-a a fim de o direito de liberdade não ser molestado, ou se o for, fazer cessá-la."* (REsp nº 109.194-DF, *apud* HC nº 7.531-RJ, *in* RSTJ 117/515).

Nessa mesma ordem de idéias, a colenda Terceira Turma do eg. STJ recentemente (6.5.99) concedeu *habeas corpus* de ofício na MC nº 1.709-SP, para declarar a ilegalidade da prisão civil na alienação fiduciária em garantia. O em. Relator, Ministro Nilson Naves, reportou-se ao EREsp nº 149.518, julgado na véspera (5.5.99) pela eg. Corte Especial, no qual, à unanimidade, "foi revista a orientação anterior" (*sic*) orientação que, até então e a exemplo daquela adotada no eg. STF, dava pela constitucionalidade da prisão civil em tais hipóteses. Ressaltou o em. Relator, remetendo a voto do Ministro Francisco Rezek (HC 74.383, DJ de 27.06.97), que "toda a norma que, no direito ordinário, quer mascarar de depositário quem na realidade não o é, agride a Constituição". A ementa do ven. aresto bem resume a questão: "Segundo a decisão da Corte Especial do STJ, é ilegítima, ou é ilegal a prisão civil do alienante ou devedor como depositário infiel (...) Ordem de *habeas corpus* expedida de ofício pela Turma, consoante o disposto no art. 654, § 2º do Código de Processo Penal" (RSTJ 122/208).

Essa é a visão do eminente monografista, que coincide de resto com a dos autores germânicos de nomeada, que sustentam a conveniência (*rectius*: imperatividade) de interpretar o juiz o próprio direito privado à luz dos direitos fundamentais (*im Licht der Grundrechte*), exercendo o dever de proteção (ou *Schutzpflicht*), que se impõe ao Estado do qual é ele, o juiz, o órgão que pronuncia o direito.

Esse *dever de proteção* derivado dos direitos fundamentais, do qual é sujeito passivo o ente estatal, decorre de um raciocínio clássico do contratualismo: a passagem da sociedade preestatal para uma politicamente organizada apenas se justificaria se, com a renúncia dos indivíduos à autotutela, restasse efetivamente garantida a proteção estatal. Dentro dessa ótica, tal proteção é peremptória e irrestrita, impondo-se a todo e qualquer interesse juridicamente protegido.

Não se pode jamais perder de vista o papel crucial que o *habeas corpus* desempenhou na história dos direitos humanos, direitos esses que basicamente consistem na proteção do cidadão contra os poderes do Estado. Hoje, vai-se além: o cidadão pode e deve exigir proteção contra *poderes intermediários*, isto é, contra aqueles outros poderes interpostos entre ele e o Estado. Já que esses poderes intermediários são, de regra, regulados pelo Direito Privado, daí se produzirem efeitos de ordem constitucional também na esfera privada do direito. Posta a questão de outra forma, para o reconhecimento dos direitos fundamentais do cidadão frente ao Estado resulta decisiva a posição objetivamente: a) ou vulnerável, ou b) dependente ou c) desigual que aquele ocupa frente a este. Os poderes públicos, na realidade, gozam de autoridade para impor suas decisões e em suas mãos está, ademais, a gestão de bens escassos da comunidade dos quais dependem em boa medida as condições de vida dos cidadãos. Os direitos fundamentais, em sua concepção clássica de defesas contra o Estado, tendem a reequilibrar uma relação que é, por natureza, assimétrica.

Reconhece-se, assim, a insuficiência da tese liberal a defender uma mera igualdade formal perante a lei. Não obstante, repelir toda a desigualdade (material) ocasiona o efeito ainda mais deletério de excluir, por igual, a própria liberdade. Assim, como forma intermédia, deve-se admitir determinadas "condições marco" para a realização "liberdade real", para que esta não se confine a mero conteúdo programático ou idealista. E tais condições são justamente um empenho permanente e eficaz na redução das desigualdades sociais, pois liberdade e igualdade condicionam-se mutuamente, não podendo haver a primeira sem que coexista a outra, efetivas e reais.

É princípio assente que a autonomia privada funda-se na capacidade de auto-regulação autônoma e responsável de cada um em relação à sua vida. Isso, porém, somente se torna possível quando uma parte na relação negocial não tem sobre a outra uma posição de supremacia e controle, de maneira a conformar a decisão do pólo mais fraco. Aí não se poderia deixar de ver senão que uma pálida manifestação da autonomia privada. Caupers apresenta uma fórmula interessante para situar a questão: "quanto maior seja a desigualdade de fato entre os sujeitos da relação, *maior será a margem de autonomia privada cujo sacrifício é admissível, e inversamente mais intransigente deverá ser o respeito do princípio da igualdade*". Ou, por outros termos: o dever de proteção dos direitos fundamentais pelo Estado é diretamente proporcional à isonomia fática das partes integrantes do negócio. Criticável no enunciado, apenas, a idéia de que "*maior será a autonomia privada cujo sacrifício é admissível*". É que em situações de desigualdade gritante, não se cogita sequer de *autonomia do mais fraco*, mas propriamente em *heteronomia*, imposta pelo contratante dominador. Melhor então seria dizer que, antes de ser um *"sacrifício da autonomia privada"*, é uma salvaguarda dela.

Dentro dessa concepção, não podemos deixar de reconhecer, como corolário lógico, que não apenas deve incidir a Constituição na preservação dos direitos fundamentais do cidadão contra o Poder Público, mas pura e simplesmente, *sobre o poder*, (isto é, sem a adjetivação *público* ou *privado*).

As ligeiras considerações acima expostas tomam como referencial concreto aquela recente decisão do eg. Superior Tribunal de Justiça que, através da sua Corte Especial, à unanimidade, referendou a tese do descabimento da prisão civil em casos de infidelidade de depósito na alienação fiduciária. Aquela legislação objetivava, na verdade, a proteção de bancos e conglomerados financeiros que poderiam haver seus créditos através da prisão do devedor. Isso fere, nitidamente, princípios constitucionais, elevados à categoria de Direitos Humanos em convenções internacionais das quais o Brasil é signatário. O eg. STJ, ao assim decidir, "preservou direitos fundamentais do cidadão contra o poder", no caso não o público, mas o econômico que obtivera a chancela legal ao seu propósito de haver o crédito ainda que à custa do cerceamento do *status libertatis* do cidadão.

O *"Habeas Corpus* no Cível", repiso, está impregnado dessa saudável concepção atualizada do Direito e da missão do magistrado, desde que o juiz nada mais é do que "a face humana da Justiça". Mas não perde o norte da segurança jurídica, na medida em que busca a sempre difícil conciliação da efetividade do princípio da constitucionalidade, em prudente coabitação com o da legalidade. Trata-se nele de uma revisitação arejada pela ciência atualizada e o idealismo dessa nova geração de juízes, onde desponta e já se afirma com solidez o Dr. Eduardo Appio, esse jovem jurista que honra e que certamente continuará a honrar o Judiciário que integra e engrandece a ciência jurídica nacional.

Porto Alegre, fevereiro de 2000.

Jauro Duarte von Gehlen

Des. aposent. do TJRGS, advogado,
Professor Universitário e da Escola Superior
da Magistratura e da Escola Superior
do Ministério Público.

Sumário

Introdução 19

1. *Habeas corpus* 23
   1.1. Evolução Histórica Mundial 23
   1.2. Evolução Histórica no Brasil 26

2. Natureza jurídica do *habeas corpus* 31

3. Espécies de *habeas corpus* 35

4. Liminar em *habeas corpus* 41

5. Teoria dos atos administrativos aplicada ao
   habeas corpus 49

6. Prisão decorrente de débito alimentar 65

7. Prisão civil decorrente de depósito infiel 96

Conclusão 107

Referências bibliográficas 109

Introdução

Um das primeiras providências adotadas, após a edição do AI-5, pelo governo intitulado "revolucionário" - em dezembro de 1968 - foi elidir a aplicação do *habeas corpus* em favor de todos aqueles que se opusessem às idéias da filosofia imperante. Os jornais do país traziam em suas manchetes o texto intregral de suspensão do *habeas corpus*, medida histórica de profundo impacto na sociedade brasileira, acostumada aos longos debates teóricos travados acerca da aplicação do *writ* no Supremo Tribunal Federal, mormente através da chamada "escola brasileira ou doutrina brasileira do *habeas corpus*".

Não sem motivo a preocupação dos detentores do Poder, visto que o *habeas corpus*, diante de sua aplicabilidade garantida pelas Constituições da República, que desde 1891, mesmo que indiretamente, se ocuparam do tema, elegida que estava a liberdade do cidadão como princípio fundamental das sociedades civilizadas.

A hostilização da liberdade corpórea, seqüela necessária e inadiável da civilização humana, encontra limites definidos na Constituição Federal e

Habeas Corpus no Cível

nas leis esparsamente consideradas. A garantia de integral eficácia de tais princípios encontra abrigo no *habeas corpus.*

Chamado de "remédio heróico", recurso, ação, ordem, e um sem-número de conceituações, ainda hoje, o *habeas corpus* sofre determinadas limitações, por parcela da doutrina e da jurisprudência, visto que a área de análise da matéria envolvida oscila entre um profundo exame da "causa de pedir" a uma breve análise das condições gerais do decreto de prisão.

Pela mera leitura dos julgados, chega-se à conclusão de que os limites de análise da matéria litigiosa não estão bem definidos, ao contrário, por exemplo, do mandado de segurança, pois este, ao inverso daquele, conta com toda uma doutrina-base sobre o ato administrativo.

Todavia, o *habeas corpus*, historicamente voltado para a análise das questões criminais, mormente em decorrência de decisões judiciais, hoje encontra espaço de capital importância junto à área cível. O debate da matéria foi recentemente revigorado, por força do art. 5º, LXVII, da Constituição Federal, com o seguinte teor:

> "não haverá prisão civil por dívida, salvo a do responsável pelo indadimplemento voluntário e inescusável de obrigação alimentícia e a do depositário infiel."

O *habeas corpus*, enquanto instrumento jurídico que caminha *pari passu* com a consolidação das instituições democráticas do país, avulta na área cível como um imenso território inexplorado, na medida em que considerarmos que a prisão civil, enquanto providência da mais absoluta exceção -

visto que o devedor, fudamentalmente, não é criminoso - tem uma conotação marcadamente social.

Se o crime é uma resposta rápida em relação aos problemas sociais do país, o inadimplemento é a mais imediata e crescente conseqüência das dificuldades financeiras dos consumidores finais da Justiça.

Atualmente, os operadores diários do Direito se vêem às margens da falta de resposta jurisdicional em relação a problemas sociais, dificuldade de tal índole que impõe ao jurista a tarefa de redifinir os limites da prisão civil, elegendo uma gradação de valores humanos que parte da vida humana, passando pela liberdade e chegando no patrimônio. A eleição da tais valores, no caso concreto, nem sempre é fácil, visto que o próprio texto constitucional busca uma harmonização entre o capital e o trabalho.

Todavia, o *habeas corpus* civil lança-nos a todos num desafio fascinante, qual seja o de reconstruir, na prática, um instrumento democrático suspenso, até bem pouco tempo atrás, através de um Ato Institucional, visto que sua não-aplicação implica, em última análise, lento e imperceptível descumprimento dos valores constitucionalizados.

O presente estudo busca sintetizar, mesmo que brevemente, boa parcela da doutrina e da jurisprudência existente sobre os limites de aplicabilidade do *habeas corpus* civil.

Habeas Corpus no Cível

1

Habeas corpus

1.1. Evolução histórica mundial

A doutrina brasileira, de uma maneira geral, entende que a origem histórica do *habeas corpus* no âmbito universal está intimamente ligada à Carta Magna, datada de 1215, imposta a João Sem Terra. Pedro Henrique Demercian e Jorge Assaf Maluly, em alentado estudo do tema[1] compartilham de tal entendimento.

Segundo o mestre Pinto Ferreira,[2] "historicamente o *habeas corpus* nasceu na Inglaterra, embora com raízes no velho direito romano, incluindo o *interdicto de homine libero exhibendo.*

Desenvolveu-se a partir da Magna Carta, que marcou o crepúsculo das luzes do absolutismo e acenou a imaginação do homem como uma nova era, a época de proteção da liberdade humana".

---

[1] DEMERCIAN, Pedro Henrique; MALULY, Jorge Assaf. *Habeas corpus*. Rio de Janeiro: AIDE, 1995.

[2] FERREIRA, Pinto. *Teoria e Prática do Habeas corpus*. 3ª ed. São Paulo: Saraiva, 1985. p. 3.

Lembra o Prof. Paulo Lúcio Nogueira[3] que "os barões feudais, ameaçados nos seus direitos, compeliram o Rei João a assinar a Magna Carta, que lhes concedia garantias individuais, ficando estabelecido que ninguém poderia sofrer prisão injusta e que as pessoas livres só poderiam ser julgadas por seus pares. Surgiram então o *habeas corpus* e o júri popular".

Autores de nomeada, como é o caso de Othon Sidou, lembram da larga influência dos Forais Aragoneses, na proteção da liberdade corpórea do cidadão.

A verdade histórica que exsurge da análise da gênese do *habeas corpus* é fato de que a Carta Magna, enquanto marco definidor dos limites da vontade do Rei em relação à vida privada dos súditos, representou muito pouco na vida prática dos ingleses, de uma forma geral, visto que os barões feudais pretendiam, acima de tudo, a manutenção de privilégios de tais como o poder sobre a liberdade corpórea dos vassalos.

Passados mais de quatrocentos anos, surge, ainda na Inglaterra, o *habeas amendment act*, que data de 1679, o qual, segundo referência de Maluly e Demercian,[4] é visto como direito ao *due process of law*.

Como lembra Pontes de Miranda[5] "a estrada que o homem percorreu para que pudesse proclamar que todos têm liberdade física, avançou sem

---

[3] NOGUEIRA, Paulo Lúcio. *Instrumentos de Tutela e Direitos Individuais*. São Paulo: Saraiva, 1994. p. 1.

[4] Op. cit.

[5] MIRANDA, Pontes de. *História e Prática do Habeas corpus*. t. 1, 8ª ed. Rio de Janeiro: Borsoi, 1972, p. 7.

que muitos homens, andando fora dela, pudessem beneficiar-se dos novos expedientes técnicos que se conseguiram. Os homens livres lutaram para ter direito ao *habeas corpus*, enquanto, marginais, havia os servos e os escravos. Quando a liberdade se estendeu a todos, os que não a tinham encontraram a evolução jurídica que os homens livres haviam obtido".

Os fatos históricos que sucederam o *habeas corpus amendment act*, tais como a Revolução Francesa (1789), a Declaração de Independência norte-americana (1787), e, muito mais tarde, a Declaração Universal dos Direitos Humanos (1948), falam por si, visto que por suas fisionomias democráticas, prevêem *o due process of law* como garantidor da liberdade humana.

Segundo o Prof. José Afonso da Silva,[6] ao versar sobre a universalização das declarações de direitos, "o que diferenciou a Declaração de 1789 das proclamadas na América do Norte foi sua vocação universalizante. Sua visão universal dos direitos do homem constituiu uma de suas características marcantes, que já assinalamos com o significado de seu *mundialismo*".

Fica evidenciado, portanto, que a tendência "universalizante" das Cartas garantidoras de direitos fundamentais teve capital importância na extensão do instituto jurídico, razão pela qual, como veremos adiante, foi adotado no Brasil.

---

[6] SILVA, José A. da. *Curso de Direito Constitucional Positivo*. São Paulo: Malheiros. 9ª ed. 1994. p. 148.

Habeas Corpus no Cível

1.2. Evolução histórica no Brasil

Conforme bem lembra Mossin,[7] "é certo assinalar que, quando incidia sobre a pátria brasileira, a legislação reinol em nenhum momento tratou do instituto do *habeas corpus*. Assim é que, as ordenações Afonsinas, Manuelinas e Filipinas, embora posteriores ao ano de 1215, também não cuidaram deste importantíssimo instituto. Nas Filipinas, como oportunamente se verá, existiam as cognominadas *Cartas de Seguro* que precariamente tinham as funções do encimado *writ*. Pode-se afirmar, com segurança, que o momento legislativo a provocar o aparecimento do *habeas corpus* no Brasil foi o Decreto de 23 de maio de 1821, que sobreveio à partida de D. João VI para Portugal; esse decreto foi referendado pelo Conde dos Arcos".

"O Código de Processo Criminal de 1832 regulou o *habeas corpus* como remédio repressivo, porém privativo dos brasileiros, em face dos constrangimentos abusivos e ilegais, e posteriormente a Lei 2.033, de 20 de setembro de 1871, deu-lhe caráter também preventivo, universalizando-o até para os estrangeiros", como lembra Pinto Ferreira.[8] Segue, o renomado mestre, consignando que "a Constituição Nacional de 1891 elevou-o a valor de garantia constitucional, estabelecendo um preceito genérico no seu art. 72, § 22, preceito esse que permitiu a extensão de *habeas corpus* ao amparo dos direitos pessoais, e não só da liberdade física."

Após 1891, seguiu-se acalorado debate em torno da *habeas corpus*, naquele momento histórico que

---

[7] MOSSIN, Heráclito. *Habeas corpus*. São Paulo: Atlas, 1995. p. 25.

[8] Op. cit. p. 31.

se convencionou dizer como sendo o marco histórico da "doutrina brasileira do *habeas corpus*". De um lado, Rui Barbosa pretendia uma aplicação mais dilargada do instituto, à falta do mandado de segurança, inexistente até então, e, ao analisar o texto do art. 72, § 22, da Constituição de 1891 - que tinha o seguinte teor:

> "Dar-se-á *habeas corpus* sempre que o indivíduo sofrer ou se achar em iminente perigo de sofrer violência, ou coação, por ilegalidade ou abuso de poder."

Ingressa com pedido de concessão da ordem em favor da posse de Nilo Peçanha no Rio de Janeiro. Na ocasião, obteve o sucesso esperado, através de decisão judicial do Supremo Tribunal Federal datada de 16 de dezembro de 1914.

Todavia, apesar do brilhantismo de Rui Barbosa e Pedro Lessa, no curso das discussões, o legislador brasileiro, na reforma constitucional de 1926, opta por uma solução restritiva da aplicação do *habeas corpus*, com o seguinte teor:

> "Dar-se-á *habeas corpus* sempre que alguém sofrer ou se achar em iminente perigo de sofrer violência por meio de prisão ou constrangimento ilegal da sua liberdade de locomoção."

A Constituição Federal de 1946 regulou o problema nos seguintes termos, em seu art. 141, § 23:

> "Dar-se-á *habeas corpus* sempre que alguém sofrer ou se achar ameaçado de sofrer violência ou coação em sua liberdade de locomoção, por ilegalidade ou abuso de poder. Nas transgressões disciplinares não cabe *habeas corpus*."

No mesmo diapasão, a Carta Magna de 1967, em seu art. 150, § 20, prescrevia que:

"Dar-se-á *habeas corpus* sempre que alguém sofrer ou se achar ameaçado de sofrer violência ou coação em sua liberdade de locomoção, por ilegalidade ou abuso de poder. Nas transgressões disciplinares não cabe *habeas corpus*."

Todavia, em 13 de dezembro de 1968, através do AI-5, o "governo revolucionário", transformanos a todos em militares, na medida em que edita a seguinte ordem à população:

"Art. 10. Fica suspensa a garantia de *habeas corpus* nos casos de crimes políticos, contra a segurança nacional, a ordem econômica e social, e a economia popular."

"Art. 3º São revogados os Atos Institucionais e Complementares, no que contrariarem a Constituição Federal, ressalvados os efeitos dos atos praticados com base neles, os quais estão excluídos da apreciação judicial."

Os textos em comento dispensam maiores apresentações, visto que rompem com a ordem constitucional brasileira, restaurada, em parte, em 31 de dezembro de 1978, e, completamente restabelecida somente dez anos depois, com o texto do art. 5º, LXVIII, com o seguinte teor:

"conceder-se-á *habeas corpus* sempre que alguém sofrer ou se achar ameaçado de sofrer violência ou coação em sua liberdade de locomoção, por ilegalidade ou abuso de poder."

Como bem lembra Paulo Lúcio Nogueira,[9] "as Constituições anteriores excluíam a utilização do *habeas corpus* em relação a punições e transgressões militares. A Constituição atual suprimiu esta ressalva, dando maior amplitude ao instrumento constitucional.

No entanto, segundo o art. 142, § 2º, da Constituição vigente, "não caberá *habeas corpus* em relação a punições disciplinares militares". Este preceito está em sintonia com outro dispositivo constitucional a respeito da legalidade da prisão:

> "ninguém será preso senão em flagrante delito ou por ordem escrita e fundamentada de autoridade judiciária competente, salvo nos casos de transgressão militar ou crime propriamente militar, definidos em lei." (art. 5º, LXI).

A 5ª Turma do Superior Tribunal de Justiça, por unanimidade, em julgamento de 18 de abril de 1990, entendeu que "não cabe *habeas corpus* nos casos de transgressão disciplinar (JSTJ, Lei, 15:216)."

Apesar de tal julgado, conforme lembram Demercian e Maluly,[10] o Superior Tribunal de Justiça, em outra oportunidade (JSTJ 4/452), entende que a legalidade do ato poderá ser examinada pelo Judiciário.

Os crimes propriamente militares, por sua vez, são aqueles definidos no art. 9º do Código Penal Militar, sendo que já existe entendimento no sentido de que seria cabível o *habeas corpus* em tais casos.

Sempre importando salientar, quando da análise do *habeas corpus* na vigência da atual Constitui-

---

[9] Op. cit. p. 5.

[10] Op. cit.

Habeas Corpus no Cível

ção Federal, o texto do art. 138, *caput*, da Carta-Mor, com o seguinte teor:

"O decreto do estado de sítio indicará sua duração, as normas necessárias a sua execução e as garantias constitucionais que ficarão suspensas, e, depois de publicado, o Presidente da República designará o executor das medidas específicas e as áreas abrangidas."

Fica evidenciado, portanto, que o *habeas corpus* encontra abrigo em nossa história constitucional, salvo no período "revolucionário militar", fazendo-se necessária esta primeira análise do instituto, como instrumento que nos permitirá, logo adiante, avançar sobre a aplicabilidade do *writ* na seara cível, mormente em se considerando a eventual revogação de dispositivos infraconstitucionais que, até outubro de 1988, permitiam subespécies de prisão civil *lato sensu*.

2

Natureza jurídica do *habeas corpus*

Seguindo o abalizado escólio de Demercian e Maluly,[11] no sentido de que "apesar de o *habeas corpus* figurar no Código de Processo Penal, como um recurso, deve-se considerar sua natureza de ação mandamental".

O Prof. Paulo Lúcio Nogueira[12] entende diferentemente, consignando que "realmente, o *habeas corpus* pode ser interposto contra uma decisão, quando apresenta a natureza de recurso, como pode ser impetrado contra possível ameaça de constrangimento ilegal, quando não passa de verdadeira *ação tutelar*. (grifei)

Com toda a vênia devida ao professor paulista, inexiste no universo processual brasileiro a classe das ações tutelares, a menos que se considere que o instituto da tutela - previsto no art. 422 do Código Civil Brasileiro - tenha seu correspondente processual, visto que segundo o art. 75, *caput*, do mesmo

---

[11] Op. cit.

[12] Op. cit. p. 8.

estatuto: "A todo direito corresponde uma ação, que o assegura."

Considerado o fato de que a boa doutrina processual brasileira não aceita a chamada "teoria civilista da ação", por ultrapassada, após os estudos de Wach, não podemos acatar sem reservas o conceito de "ações tutelares", como pretende o renomado autor paulista, sendo-se de atribuir o suposto equívoco a mero erro de impressão, visto que, muito provavelmente, o autor pretendia enunciar "ação cautelar", correlata "à possível ameaça de constrangimento ilegal."

Também não aceitamos a natureza jurídica de recurso, pois como bem recorda Heráclito Mossim[13] "é pressuposto objetivo recursal uma decisão que ainda não transitou formalmente em julgado, ou seja, a viabilidade da formação do procedimento recursal, por meio do duplo grau de jurisdição, o que somente é admissível sob o ponto de vista processual, quando a decisão de mérito não tenha sofrido a máxima preclusão." Assevera Barbosa Moreira,[14] "não ministra o Código de Processo Civil uma definição de recurso; examinando-se, porém, as várias figuras ali arroladas sob esse *nomen juris*, verifica-se que o denominador comum de todas elas consiste em que o seu uso não dá ensejo à instauração de novo processo, senão que apenas produz a extensão do mesmo processo até então fluente."

Ora, é consabido que o *habeas corpus* possui natureza jurídica de ação, visto que instaura nova relação processual em juízo, independendo, inclusi-

---

[13] Op. cit. p. 67.

[14] MOREIRA, José Carlos Barbosa. *Comentários ao Código de Processo Civil*. 6ª ed. Rio de Janeiro: Forense, 1994, p. 207.

ve, do rol previsto no art. 648 e incisos do Código de Processo Penal que, evidentemente não é taxativo, mas meramente exemplificativo.

Segundo Pontes de Miranda[15] "Outro erro grave é o de se falar de recurso de *habeas corpus*. *Habeas corpus* não é recurso; *habeas corpus* é ação: a ação de *habeas corpus* supõe a pretensão ao *habeas corpus*, a tutela jurídica (pré-processual) e exerce-se com a ação de ritmo legalmente estabelecido."

Concorde, em parte, com o pensamento de Pontes de Miranda, assim se manifesta Pinto Ferreira:[16] "realmente, o pedido de *habeas corpus* é pedido de prestação jurisdicional em ação, como a sua real natureza, mas pode no sistema do duplo grau de jurisdição, assumir o caráter de recurso, pois é evidente que pode servir ainda contra decisões do juiz de 1ª instância, para que sejam revistas pelos tribunais ou pela superior instância".

Sabe-se que a carga eficacial preponderante da sentença que se pretende obter, junto ao Poder Judiciário, de acordo com a "classificação quinárias das ações" de Pontes de Miranda, é o fator definidor de sua natureza jurídica mandamental.

Através do *habeas corpus*, o julgador emite ordem à autoridade coatora no sentido de que suspenda ou evite a prática do ato ilegal e/ou abusivo; não há, portanto, condenação, pendente de ulterior execução, como carga preponderante.

O *habeas corpus* é, portanto, verdadeira ação mandamental, pois instaura nova relação processual que pode, inclusive, tramitar concomitantemente à interposição do regular recurso.

---

[15] Op. cit. p. 4.

[16] Op. cit. p. 12.

Habeas Corpus no Cível

33

Ademais, é consabido que o *habeas corpus* pode inclusive ser impetrado contra ato de autoridade administrativa, como no caso de Delegado de Polícia, fato que não pode ser interpretado como recurso, visto que o julgador é o magistrado, órgão do Poder Judiciário, em suas diferentes esferas de atuação, com plena independência em relação ao Executivo. Como se pretender recurso contra decisão de membro de outros Poderes, com outras atribuições?

Veremos, logo adiante, o quão importante é a discussão acerca da natureza jurídica do *habeas corpus*, diante da extinção do prazo recursal e da desnecessidade de exaurimento da via recursal na instância originária.

3

Espécies de *habeas corpus*

A doutrina nacional convencionou que o *habeas corpus*, dependendo do momento de impetração e do tipo de coação ou violência exercida contra a liberdade ambulatória do cidadão, poderia ser dividido em duas espécies, quais sejam, o *habeas corpus* preventivo e o liberatório ou repressivo.

O preventivo, segundo entendimento de Paulo Lúcio Nogeira,[17] "pode ser impetrado quando houver ameaça à liberdade de locomoção, expedindo-se o salvo-conduto em favor do paciente.

Diverso é o entendimento do Prof. Heráclito Mossim,[18] que ensina: "a ação penal cautelar sempre se subordina à ação de conhecimento ou dela é dependente. Assim, presta-se a garantir a eficácia ou efeitos da decisão jurisdicional a ser proferida no processo de conhecimento instaurado pela ação de mesmo nome. Enfim, para evitar o risco de ser diminuída ou anulada pela demora (*periculum in mora*) as conseqüências da decisão a ser proferida no processo de conhecimento, instaura-se o proces-

---

[17] Op. cit. p.13.

[19] Op. cit..

so cautelar. Nesse caso, como se percebe pacificamente, a medida cautelar apresenta-se como de natureza acessória. Além do perigo da demora, exige ainda a medida cautelar a presença do *fumus boni iuris*, que caracteriza a probabilidade do dano." Apesar de não concordarmos com o "transplante" puro e simples da teoria do processo cautelar para o contexto do *habeas corpus*, até porque os princípios que informam o sistema de liberdade do cidadão são diferentes do processo cautelar civil, entendemos que o autor paulista, em acurada análise, consigna tese consagrada pelos Tribunais, visto que os requisitos do *periculum in mora* e *fumus boni iuris* devem estar preenchidos para a concessão da liminar na ordem impetrada.

Contudo, ao asseverar que o *habeas corpus* preventivo, enquanto ação penal cautelar, seria acessório em relação ao processo principal - ação penal em Juízo - olvida o fato de que o *writ* é ação autônoma de impugnação, estabelecendo nova relação processual em juízo. Ademais, é consabido que o *habeas corpus*, de regra, esgota a matéria litigiosa em debate, ao analisar a falta de justa causa para a violência ou coação da liberdade ambulatória. Portanto, não existiriam as chamadas "exceções reservadas" ao processo principal, como ocorre, por exemplo, nas ações de cunho cautelar.

Pela leitura do texto constitucional, dessume-se que o magistrado, quando da análise do *habeas corpus*, poderá realizar amplo corte horizontal na matéria litigiosa, tomando a cautela de não aprofundar o exame das provas - com a oitiva de novas testemunhas, por exemplo.

O rito sumário imprimido ao *habeas corpus* e sua essencial documentalidade não restringe a atividade do magistrado às estritas hipóteses do art. 648 do Código de Processo Penal. Muito ao contrário, o amplo texto da Constituição Federal permite, inclusive, o trancamento da ação penal, conforme doutrina aceita pelos tribunais, até mesmo pelo fato de que o conceito de "justa causa" revela valor semântico de grande amplitude.

O *habeas corpus* repressivo ou liberatório, ao contrário do preventivo ou cautelar, "é o que se interpõe quando já ocorreu o ato violento ou o constrangimento ilegal com o objetivo de fazer cessar a coação... o *habeas corpus* liberatório é de uso mais comum e freqüente, tendo cabimento quando o indivíduo está sofrendo violência ou coação na sua liberdade de locomoção ou em outras circunstâncias de constrangimento ilegal; tem por objetivo fazer cessar a coação ou o constrangimento", segundo conceituação de Paulo Lúcio Nogueira.[19]

Já Heráclito Mossim[20] se manifesta no sentido da existência de ações constitutivas e declaratórias de *habeas corpus*. As primeiras, segundo o autor, se concretizam "quando o *writ of habeas corpus* tiver por finalidade postulatória extinguir uma situação jurídica ilegal, fazendo cessar a coação ou sua ameaça contra a liberdade de locomoção do indivíduo, dela decorrente, terá ele natureza de ação penal constitutiva."

As ações declaratórias de *habeas corpus*, por sua vez, se concretizam "quando o *writ* tiver por escopo a declaração de inexistência de uma relação jurídica

---

[19] Op. cit. p.14.

[20] Op. cit. p. 73.

Habeas Corpus no Cível

disciplinada pelo Direito Penal, terá ele natureza de ação penal declaratória. É o que se verificaria, se não obstantemente a lei penal nova não mais considerasse como crime fato imputado ao agente (*abolitio criminis*) e malgrado isto fosse objeto de *persecutio criminis*, na fase da *informatio delicti* ou na da ação penal."

Respeitada a proficiência do renomado autor na língua latina, a boa doutrina nacional, capitaneada por Pontes de Miranda, desde há muito, compreende a ação de *habeas corpus* como destinada a obter sentença com carga preponderantemente mandamental.

É bem verdade, como lembra o autor, que o *habeas corpus* colima a obtenção de sentença com efeito declaratório ou mesmo constitutivo - positivo/negativo - todavia, não é menos verdade que tais cargas de eficácia são inferiores à carga mandamental. Ou seja, o magistrado, ao conceder *habeas corpus* impetrado em favor de paciente preso, apesar da presença de comprovada causa extintiva da punibilidade, irá declará-la como de direito; todavia, o objetivo primacial do impetrante será, inolvidavelmente, a expedição de ordem, materializada através do "alvará de soltura".

Ante tais considerações, apesar de considerarmos que as sentenças em ações de *habeas corpus* trazem em seu bojo uma carga eficacial declaratória e/ou constitutiva, não acatamos sem reservas tais denominações, que em nada resolvem o problema, visto inexistir diferença básica, na concepção do autor, entre a sentença concessiva de *habeas corpus* e a sentença declaratória penal do art. 61, *caput*, do Código de Processo Penal. Ora se inexiste diferença básica, teríamos de admitir que o *habeas corpus* seria um perigoso "atalho" para a resolução das pendengas judiciais, visto que ao adotar procedimento sumário e documental, elide o contraditório constitucional, podendo-se absolver sumariamente o acusado - sentença declaratória - sem o devido processo legal.

Conforme assinalado na boa jurisprudência nacional, o *habeas corpus* não pode se prestar ao acurado exame da prova, reservado que está à análise sumária da legalidade da coação ou ameaça à liberdade ambulatória.

O e. S.T.F. (Supremo Tribunal Federal) já decidiu, em relação ao *habeas corpus* preventivo, que:

"Para a concessão da ordem de *habeas corpus* preventivo, bastam razões fundadas de temer seja infligido o mal. Se os receios são vãos, nenhum mal acarretará a concessão da medida, ao passo que a sua denegação permitirá se consume a violência planejada."

Também sobre o *habeas corpus* preventivo, agora na área cível, colhem-se os seguintes julgados:

"Não constitui ameaça de coação ilegal, ensejadora de *habeas corpus* preventivo, a advertência judicial, por intermédio de oficial de justiça, de que o obstáculo posto pelo paciente ao cumprimento de mandado oriundo de processo civil poderá acarretar sua prisão." (RT 456/442)

"Não padece de ilegalidade reparável por *habeas corpus* preventivo a ameaça de prisão do devedor de alimentos provisionais." (RTJ 112/234; RJTJSP 108/333)

Habeas Corpus no Cível

Fica, portanto, evidenciada a divisão do *habeas corpus* em duas espécies distintas, o *habeas corpus* preventivo ou cautelar e o repressivo ou liberatório, ambos com carga eficacial preponderantemente mandamental.

4

Liminar em *habeas corpus*

A liminar em *habeas corpus*, a exemplo do que ocorre com a liminar no mandado de segurança, é, via de regra, analisada de forma idêntica em relação à liminar no processo cautelar, prevista no art. 798, *caput*, do Código de Processo Civil, que tem o seguinte teor:

> "Além dos procedimentos cautelares específicos, que este Código regula no capítulo II deste livro, poderá o juiz determinar medidas provisórias que julgar adequadas, quando houver fundado receio de que uma parte, antes do julgamento da lide, cause ao direito da outra lesão grave e de difícil reparação."

De outra monta, o Código de Processo Civil, ao analisar a questão da liminar nas ações tuitivas da posse nova - menos de ano e dia - mormente no art. 928, *caput*, daquele estatuto, preceitua com seguinte teor:

> "Estando a petição inicial devidamente instruída, o juiz deferirá, sem ouvir o réu, a expedição do mandado ou de reintegração; no caso contrário, determinará que o autor justifique pre-

Habeas Corpus no Cível

41

viamente o alegado, citando-se o réu para comparecer à audiência que for designada.

Parágrafo único. Contra as pessoas jurídicas de direito público não será deferida a manutenção ou a reintegração liminar sem prévia audiência dos respectivos representantes judiciais."

Segundo Nélson Nery Jr.,[21] "a liminar possessória tem caráter de adiantamento do resultado do pedido de proteção possessória. A concessão de liminar funciona como se o juiz tivesse julgado procedente o pedido, a liminar, antecipada e provisoriamente, até que seja feita a instrução e sobrevenha a sentença. A única semelhança com a cautelar é o atributo da *provisoriedade* (grifei) já que o juiz pode revogar a liminar e concedê-la novamente, se for caso, ou a propósito do juízo de retratação, se for interposto agravo de instrumento."

Em nosso modesto entendimento, assiste plena razão ao Prof. Nery Jr., tendo em vista que, de fato, a liminar nas ações possessórias, analisada sua origem histórica, desde os interditos romanos é aplicação prática da parêmia *solve et repete*, na qual o legítimo possuidor, desde que se apresente em Juízo com documentação que o habilite a requerer a expedição de liminar urgente, terá sua pretensão jurídica satisfeita até ulterior decisão; esta, por sua vez, será tomada após laborioso trabalho mental do magistrado, no exercício de intelecção da prova contida no bojo dos autos, inclusive a prova testemunhal.

---

[21] NERY JÚNIOR, Nélson. *Código de Processo Civil Comentado*. 2ª ed. São Paulo: Revista dos Tribunais, 1996, p. 1.195.

Consoante se dessume da leitura do dispositivo legal em apreço, o requerente da liminar, em não possuindo a documentação que o habilite, de plano, a pretender a antecipação em juízo, deverá comprovar a legitimidade de seus pedido, através de prévia e regular justificação judicial, pré-constituindo seu "título antecipatório".

Tal é o caráter desta antecipação, que em países europeus como a Itália adotam os juízos monitórios e injuncionais como forma de antecipação do sucesso pretendido pelo autor, desde que munido de documentação suficiente, mormente nas questões ligadas à locação de imóvel urbano.

Fica patente, portanto, que a liminar do processo cautelar difere, em grande parte, da liminar em processo envolvendo a discussão da posse - como no caso da reintegração possessória - apesar de ambas assumirem o cunho de provisoriedade lembrado pelo renomado autor paulista.

A liminar em processo de *habeas corpus*, por sua vez, difere, por razões de lógica, da congênere em processo cautelar, esta última, inclusive, com os sempre lembrados requisitos do *periculum in mora e fumus boni iuris*. Todavia, há que se considerar o caráter documental do *habeas corpus*, que a exemplo do mandado de segurança, não se coduna com as regulares dilações probatórias inerentes aos processos de conhecimento de uma maneira geral.

Sobre o tema, assim se manifesta Celso Ribeiro Bastos,[22] lembrado por Mossim: "a medida liminar é uma providência cautelar destinada a preservar a possibilidade de satisfação, pela sentença, do direi-

---

[22] BASTOS, Celso R. *Do mandado de segurança*. São Paulo: Saraiva, 1982. p. 23.

Habeas Corpus no Cível

to do impetrante. Em outras palavras, visa a impedir que o retardamento de uma decisão final venha a torná-la inócua, em razão da irreparabilidade do dano sofrido. Em decorrência sobretudo da auto-executoriedade do ato administrativo, alterações podem ter lugar no mundo real, fenomênico, de molde a tornar inócua a decisão jurisdicional a final proferida. Eis por que, embora regulada por lei ordinária, a concessão de liminar encontra de certa forma assento jurídico no próprio texto constitucional assegurador do mandado de segurança. Se este objetiva a reparação *in natura* do direito ofendido, a utilização pelo Judiciário de medidas acautelatórias dos interesses lesados, impõe-se, ainda que não disponha aquele de condições, na ocasião, para proferimento de uma decisão definitiva."

Como lembra Mirabete[23] "a rejeição *in limine*, porém, deve ser cercada de máxima cautela, já que em jogo a liberdade física do paciente, podendo lançar mão o juiz do recurso de conceder prazo para que sejam preenchidas as formalidades legais e regularizado o pedido. Quando o pedido é dirigido ao Tribunal, aliás, dispõe a lei que, faltando qualquer requisito, 'o presidente mandará preenchê-lo, logo que lhe for apresentada a petição' (art. 662, 2ª parte)."

Todavia, não podemos olvidar o texto do art. 96, I, da Constituição Federal, que assim dispõe:

"Art. 96. Compete privativamente:

I - ao tribunais:

a) eleger seus órgãos diretivos e elaborar seus

---

[23] MIRABETE, Julio Fabbrini. *Processo Penal*. 2ª ed. São Paulo: Atlas, 1993, p. 697.

regimentos internos, *com observância das normas de processo* (grifei) e das garantias processuais das partes, dispondo sobre a competência e o funcionamento dos respectivos órgãos jurisdicionais e administrativos."

Fica evidenciado, portanto, que o rito imposto por força dos arts. 654 e seguintes do Código de Processo Penal pode ser alterado, a partir de outubro de 1988, mediante previsão no regimento interno dos tribunais, desde que preservadas as regras maiores atinentes ao *due process of law*. Seguindo tal orientação, grande parte dos tribunais brasileiros adota em seu regimento interno expressa previsão para a liminar em *habeas corpus*, sujeito, evidentemente, à verificação de sua legalidade através dos recursos à Câmara Julgadora, visto que, como regra, o relator do feito despacha a liminar pretendida e solicita as informações pertinentes junto à autoridade apontada como "coatora".

Muito embora se tenham inúmeros registros diários da concessão de liminares em *habeas corpus*, alguns tribunais invocam o fundamento de que, em matéria penal, não existe concessão liminar da ordem, como se vem, com freqüência, pleiteando, com base em desautorizado símile do mandado de segurança (RT 597:303 e 512:336), como noticia Paulo Lúcio Nogueira,[24] em alentado estudo da matéria.

Resumindo, nosso entendimento é no sentido de que a liminar no *habeas corpus* deverá seguir o processamento de sua congênere no mandado de segurança, sendo de se considerar sua semelhança

---

[24] Op. cit. p. 18.

com a liminar das ações possessórias, diante de sua prova documental e pré-constituída. A exigência que os autores de nomeada elegem como de capital importância - preenchimento dos requisitos do *fumus boni juris* e do *periculum in mora*, teria, a nosso ver, intensa relação com a liminar em processo cautelar, no qual inexiste antecipação do provimento jurisdicional.

Entendemos que, apesar de a Constituição Federal conferir espectro mais dilargado à análise judicial do *habeas corpus* em relação ao mandado de segurança, visto que este, ao contrário daquele, exige o chamado "direito líquido e certo", não assinala no sentido de que o mero *fumus boni juris* teria o condão de garantir o sucesso da liminar. Muito ao contrário, a jurisprudência, ao asseverar que o rito sumário imposto ao *habeas corpus* impõe ao julgador a tarefa de conceder a liminar nos casos em que *icto occuli* resplandece o direito do paciente, renega o dado de que a mera verossimilhança da causa de pedir seria suficiente, exige, sim, prova documental e pré-constituída do direito do cidadão, pena de denegação, sob o fundamento de que foi eleita via indevida para a análise do pleito (recurso).

Contudo, convém ressaltar que o e. Supremo Tribunal Federal (S.T.F.) adota posicionamento contrário, diante da leitura do seguinte excerto:

"A medida liminar, no processo penal de *habeas corpus*, tem o caráter de *providência cautelar* (grifei). Desempenha importante função instrumental, pois destina-se a garantir - pela preservação cautelar da liberdade de locomoção física do indivíduo - a eficácia da decisão a ser ulteriormente proferida quando do julgamento definitivo do *writ* constitucional. O exercício deste poder cautelar submete-se à avaliação discricionária dos juízes e tribunais que deverão, no entanto, em obséquio à exigência constitucional inscrita no art. 93, IX, da Carta Política, motivar, sempre, as decisões em que apreciem o pedido de liminar a eles dirigido. Não caracteriza situação configuradora de injusto constrangimento o ato do magistrado que, fundado em razões de prudência, condiciona o exame da medida liminar, requerida em ação de *habeas corpus*, à prévia prestação de informações pelo órgão apontado como coator. Esse comportamento processual do órgão judiciário, que se reveste de plena legitimidade jurídica, não ofende, em conseqüência, o *status libertatis* do paciente." (STF, 1ª Turma, Rel. Min. Celso de Mello, DJU 07.05.1993, p. 8.331)

Resta evidenciado, portanto, que o Excelso Pretório exige, de uma maneira geral, a comprovação - ou mesmo a alegação - de que o pedido da liminar traz ínsito em seu bojo o *periculum in mora* e o *fumus boni juris*, conforme assinalado por Paulo Lúcio Nogueira[25] e Heráclito Mossim.[26]

Finalizando, convém assinalar que a concessão da liminar pretendida, apesar de não gerar "direito adquirido" em favor do paciente, deve ser mantida até ulterior alteração do panorama processual, sendo certo que por força do art. 93, IX, da Carta-Mor, tal decisão deverá ser devidamente fundamentada, pena de nulidade.

---

[25] Op. cit. p. 16.

[26] Op. cit. p. 156.

Habeas Corpus no Cível

5

Teoria dos atos adminstrativos aplicada ao *habeas corpus*

O Direito, até bem pouco tempo atrás, encontrava-se dividido, por força da doutrina, em dois módulos estanques : Direito Público e Direito Privado. De um lado, ao versar acerca da Direito Público, com especial menção à farta doutrina gaulesa, os autores nacionais referiam que a *res publicae* merecia um processo à parte em relação ao modelo privatístico previsto originalmente no Código de Processo Civil Brasileiro (C.P.C.), visto que os princípios informadores da gestão de bens públicos são diversos dos princípios proeminentes no Direito Privado, dentro do modelo do *ordo judiciorum privatorum* romano.

Ensinava o mestre Cirne Lima,[27] "destinado a assegurar o bem individual e o bem coletivo e ainda a própria sociedade organizada como um bem em si mesma, reclama o Direito Administrativo uma intensidade de comando e uma eficiência de realização que, recusadas às relações dos indivíduos entre

---

[27] LIMA, Ruy Cirne. *Princípios de Direito Administrativo*. 6ª ed. São Paulo: Revista dos Tribunais. 1987. p. 18.

si ou com o agregado, seria impossível fossem encontradas alhures."

No escólio também lapidar de Hely Lopes Meirelles,[28] "em última análise, os fins da administração consubstanciam-se na defesa do interesse público, assim entendidas aqueles aspirações ou vantagens licitamente almejadas por toda a comunidade administrada, ou por uma parte expressiva de seus membros. O ato ou contrato administrativo realizado sem interesse público configura desvio de finalidade."

Contudo, a rigorosa separação dos dois "mundos" foi paulatinamente mitigada pela sucessiva edição de leis esparas - e.g. nova lei de investigação de paternidade, 8.560/92 - mormente nas questões atinentes ao direito de família, ainda previstas no Código Civil Brasileiro de 1916 e resolvidas, na prática, com os mesmos instrumentos jurídicos contidos no Código de Processo Civil Brasileiro.

Atualmente, vislumbra-se a efetiva possibilidade da convivência harmônica entre os dois espaços, divisando-os a preponderância de um e outro em determinada questão judicial. Como no clássico exemplo do instituto do divórcio - previsto na Lei 6.515/77 - no qual o interesse público é preponderante, no que atine à guarda e alimentação dos filhos e privado no que concerne à partilha de bens do casal, podendo, inclusive, haver plena disposição dos bens por parte dos divorciandos.

É consabido, ainda, que o "transplante" puro e simples de teorias do direito administrativo para o direito privado e vice-versa, como no caso da teoria

---

[28] MEIRELLES, Hely Lopes. *Direito administrativo brasileiro*. 18ª ed. São Paulo: Malheiros Editores. p. 82.

das invalidades do negócio jurídico privado trazida para a teoria das nulidades do ato administrativo, por vezes se mostra farto de incoerências. Como bem lembra Hely Lopes Meirelles,[29] "em Direito Público não há lugar para os atos anuláveis, como já assinalamos precedentemente. Isto porque a nulidade (absoluta) e a anulabilidade (relativa) assentam, respectivamente, na ocorrência do interesse público e do interesse privado e na manutenção ou eliminação do ato irregular. Quando o ato é de exclusivo interesse dos particulares, o que só ocorre no Direito Privado - embora ilegítimo ou ilegal, pode ser mantido ou invalidado segundo o desejo das partes; quando é de interesse público - e tais são todos os atos administrativos - sua legalidade impõe-se como condição de validade e eficácia do ato, não se admitindo o arbítrio dos interessados para sua manutenção ou invalidação, porque isto ofenderia a exigência da legitimidade da atuação pública."

Todavia, entendemos plenamente viável a aplicação da teoria da (in)validade dos atos administrativos à seara do *habeas corpus*, diante de sua dilargada previsão constitucional.

Os autores brasileiros, de uma forma geral, concordam no sentido de que o art. 648 e incisos do Código de Processo Penal é meramente exemplificativo; assim pontificam Maluly e Demercian.[30] Nem poderia ser diferente, visto que inúmeras são as hipóteses ensejadoras da impetração da ação mandamental, mormente em se considerando que o

---

[29] Op. cit. p. 189.

[30] Op. cit. p. 42.

Habeas Corpus no Cível

presente tema se presta a analisar o *habeas corpus* em matéria civil.

A única forma, portanto, de sistematizar a emissão do *writ*, na prática forense, é delimitar-lhe contornos mínimos que confiram aos utentes da Justiça um mínimo de segurança jurídica, facultando-lhe o uso pleno dos recursos e ações autônomas de impugnação que a Constituição Federal lhes assegura.

O texto amplo do art. 5º, LXVIII, define uma das condições da ação, no entendimento Liebmanniano, qual seja, a possibilidade jurídica do pedido, preceituando que "conceder-se-á *habeas corpus* sempre que alguém sofrer ou se achar ameaçado de sofrer violência ou coação em sua liberadade de locomoção, por ilegalidade ou abuso de poder".

Ora, a Constituição Federal usou as mesmas expressões empregadas para o mandado de segurança - ilegalidade ou abuso de poder - sem, contudo, limitar-lhe o alcance histórico com a exigência de comprovação do chamado direito "líquido e certo" (sabe-se que líquido e certo deve ser a *causa petendi*, e não o direito), conferindo ao magistrado uma margem mais dilargada de atuação, diante da importância do "bem liberdade".

O ato ilegal é aquele distanciado dos requisitos de validade previstos para sua edição.

Ato abusivo, aquele que desviado de sua finalidade pública, busca a satisfação de interesse pessoal de seu autor.

Fica evidenciado, pela leitura do art. 5º, LIV, da Constituição Federal "ninguém será privado de sua liberdade ou de seus bens sem o devido processo legal ", bem como pela leitura do inciso LXVII do mesmo artigo constitucional "não haverá prisão civil por dívidas, salvo a do responsável pelo inadimplemento voluntário e inescusável de obrigação alimentícia e a do depositário infiel", que o ato judicial constritivo da liberdade se submete a requisitos externos de capital importância para a validade do ato, que, por sua vez, será ilegal do ponto de vista interno caso fuja das duas hipóteses previstas para a decretação da prisão civil. Será, ainda, ilegal, do ponto de vista interno, caso não cumpra a determinação do art. 5º, LXI, da Constituição Federal "ninguém será preso senão em flagrante delito ou por ordem escrita e fundamentada da autoridade judiciária competente, salvo nos casos de transgressão militar ou crime propriamente militar, definidos em lei."

Do ponto de vista externo, a prisão deverá obedecer ao procedimento previsto nos arts. 285 e seguintes do Código de Processo Penal Brasileiro, à falta de lei específica para o cumprimento de mandado de prisão civil.

Do ponto de vista interno, deverá ser decretada por autoridade judiciária competente para o feito, através de *decisão escrita e fundamentada*.

Pela simples análise do texto constitucional em vigor, exsurgem os requisitos de legalidade do ato decretatório da prisão civil, quais sejam : competência e forma.

Considerando que a Constituição Federal exige que o ato constrtvo da liberdade ambulatória do cidadão, em caso de prisão civil, não seja *abusivo* (grifei), o que em nossa concepção equivale dizer, desviado de sua finalidade (subtipo de ilegalidade), podemos considerar a finalidade do ato como terceiro requisito fundamental para sua validade.

Habeas Corpus no Cível

Sintetizando, os requisitos de validade constitucional do ato decretatório da prisão civil seriam três: competência (de ordem interna), finalidade (de ordem interna) e forma (de ordem externa). Comparando-se tal proposição com o seguinte texto da lavra do eminente professor Celso Antônio Bandeira de Mello,[31] "o ato administrativo é perfeito quando esgotadas as fases necessárias a sua produção...é válido quando foi expedido em absoluta conformidade com as exigências do sistema normativo. Vale dizer, quando se encontra adequado aos requisitos estabelecidos pela ordem jurídica. Validade, por isto, é a adequação do ato às exigências normativas.", com o seguinte texto do emérito Prof. Hely Lopes Meirelles[32] "atos vinculados ou regrados são aqueles para os quais a lei estabelece os requisitos de sua realização. Nesta categoria de atos, as imposições legais absorvem, quase por completo, a liberdade do administrador, uma vez que sua ação fica adstrita aos pressupostos estabelecidos pela norma legal para a validade da atividade administrativa. Desatendido qualquer requisito, compromete-se a eficácia do ato praticado, tornando-se passível de anulação pela própria Administração, ou pelo Judiciário, se assim o requerer o interessado." E, mais adiante, comenta o professor que "enquanto praticar o ato administrativo vinculado a autoridade está presa à lei em todos os seus elementos (competência, motivo, objeto, finalidade e forma), no praticar o ato discricionário é livre (dentro das opções que a própria lei prevê) quanto

---

[31] MELLO, Celso A. Bandeira de. *Curso de Direito Administrativo.* 6ª ed. 1995. São Paulo: Malheiros Editores. p. 203.

[32] Op. cit. p. 150.

à escolha do motivo (oportunidade e conveniência) e do objeto (conteúdo). Entre praticar o ato e dele se abster, entre praticá-lo com este ou aquele conteúdo (p. ex. advertir apenas ou proibir), ela é discricionária. *Porém, no que concerne à competência, finalidade e forma, o ato discricionário está tão sujeito aos textos legais como qualquer outro* (grifei)."

Fica evidenciado, portanto, que a prática do ato administrativo infunde o dever da exata observância dos requistos de validade do ato, independentemente da classificação do ato, se vinculado - ou regrado - ou mesmo discricionário (como e.g. a exoneração de servidor ocupante de cargo demissível *ad nutum*).

Nossa posição diverge do entendimento do Prof. Lopes Meirelles apenas no que atine ao resultado prática da inobservância dos requisitos de lei. O renomado autor entende que o ato será ineficaz. Todavia, compreende-se que se o ato não preenche seus requisitos mínimos previstos em lei, o ato será, evidentemente, nulo e muito provavelmente ineficaz (apenas como regra geral) e não ineficaz, *tout court*.

Adotando-se como exemplo a realização de concorrência pública na qual a seleção da melhor proposta é realizada por servidor público que não compõe a comissão competente para a análise das propostas. Fica evidenciado que a incompetência para a prática do ato inquina de nulidade a fase final do certame, não se podendo cogitar em mera ineficácia, mas sim em nulidade.

O ponto fundamental de nossa exposição reside no fato de que a análise do texto constitucional que prevê o *habeas corpus* no país traz em seu bojo os requistos de validade do ato judicial decretatório

Habeas Corpus no Cível

da prisão, quais sejam, a *competência* - autoridade judicial competente - *forma* - através de ordem escrita e fundamentada - *e finalidade* - obter a restituição do bem depositado ou equivalente e obter o pagamento do débito alimentar.

Tais requisitos, diante de sua anatomia, peculiar também em relação aos atos administrativos (competência, finalidade e forma), poderiam, em tese, compor o tripé necessário para uma avaliação sumária e documental da ação mandamental de *habeas corpus*, redefinindo, portanto, o polígono de incerteza sobre o qual se debruçam os magistrados na atualidade.

A mera referência à falta de justa causa para a prática de ato constritivo da liberdade ambulatória não tem o condão, *de per si*, de dirimir as dúvidas insondáveis que cotidianamente afetam o trabalho judicário. Considerando-se que o valor estabilidade das relações jurídicas informa, mesmo que implicitamente, nosso sistema processual, vislumbra-se a necessidade de as partes envolvidas no litígio reduzirem, sensivelmente, os chamados "conceitos jurídicos indeterminados", objetivando, sempre que possível, os requisitos para a concessão do *writ*.

O problema não pode ser solucionado através de expressões vagas constantes de alguns dos julgados a que tivemos acesso no curso do presente estudo, tais como "a via sumária do *habeas corpus* não comporta o exame acurado da prova" ou mesmo "não se vislumbra justa causa para o processamento do feito."

Senão vejamos os seguintes julgados:

"Não é possível, pela natureza do processamento sumário, próprio do *writ*, nem pela sua finalidade, investigar a fundo as questões que dizem respeito ao mérito da lide alimentar, especialmente se o alimentante está podendo ou não cumprir sua obrigação. Isso é tema para apreciação na instância processual civil, sob amplo contraditório." (RT 559/65)

"A Constituição e a lei processual civil exigem que a prisão de devedor de pensão alimentícia promane de decisão fundamentada não podendo decorrer de mero despacho ordenando o pagamento, sob pena de prisão." (STJ, RHC, rel. Min. Costa Lima, DJU 4.5.1992, p. 5.895)

Tais expressões, por vezes, lançam a parte ao desabrigo quando da interposição do competente recurso contra a decisão denegatória do *habeas corpus*. Tanto é verdade que, recentemente, o e. Superior Tribunal de Justiça (S.T.J.) firmou a seguinte posição:

"compete, também, ao S.T.J. processar e julgar pedido originário requerido contra decisão proferida em *habeas corpus*, por Tribunal de Justiça, independentemente da interposição de recurso ordinário, se a impetração tem a natureza de acautelar a liberdade de ir e vir do paciente na iminência de ser preso por dívida de natureza alimentar." (HC 1393-o SP 5ª Turma do S.T.J./ Rel. Min Costa Lima. D.J.U. de 07.12.1992. pp. 23.322/3)

Cumpre salientar, finalmente, que entendemos o requisito de forma da decisão judicial estreitamente atrelada ao disposto no art. 93, IX, da Constituição Federal, que preceitua:

Habeas Corpus no Cível

57

"Lei complementar, de iniciativa do Supremo Tribunal Federal, disporá sobre o Estatuto da Magistratura, observados os seguintes princípios:

IX - todos os julgamentos dos órgãos do Poder Judiciário serão públicos, e *fundamentadas todas as suas decisões, sob pena de nulidade* (grifei), podendo a lei, se o interesse público o exigir, limitar a presença em determinados atos, às próprias partes e a seus advogados, ou somente a estes."

A fundamentação do ato judicial, mormente o ato decretatório de prisão, assume capital importância na medida em que viabiliza o acesso das partes aos recursos facultados em lei. Talvez uma das razões pelas quais o e. S.T.J. (Superior Tribunal de Justiça) tenha-se inclinado pelo conhecimento originário de *habeas corpus* de inferior instância, seja exatamente a dificuldade inerente à interposição do recurso ordinário, decorrência da falta de fundamentação do decreto de prisão.

Ao estudar a necessidade de motivação de todas as decisões judiciais, sob pena de nulidade, os professores Ada Grinover, Antônio Scarance Fernandes e Antônio Magalhães Gomes Filho[33] lembram que "são três os pontos básicos em que se assenta a idéia de motivação como garantia: primeiro, aparece como garantia de uma atuação equilibrada e imparcial do magistrado, pois só através da motivação será possível verificar se ele realmente agiu com a necessária imparcialidade; num segun-

---

[33] GRINOVER, Ada & FERNANDES, Antônio S. & GOMES FILHO, Antônio Magalhães. *As nulidades no processo penal*. 3ª ed. São Paulo: Malheiros Editores. 1994. p. 164.

do aspecto, manifesta-se a motivação como garantia do controle da legalidade das decisões judiciárias: só a aferição das razões constantes da sentença permitirá dizer se esta deriva da lei ou do arbítrio do julgador; finalmente, a motivação é garantia das partes, pois permite que elas possam constatar se o juiz levou em conta os argumentos e a prova que produziram: como visto, o direito à prova não se configura só como direito a produzir a prova, mas também como direito à valoração da prova pelo juiz."

Fica evidenciada a necessidade de se inserir a motivação como requisito de validade do ato judicial decretatório de prisão civil.

Também com relação à forma no curso da decretação da prisão civil do alimentante inadimplente, colhem-se os seguintes julgados:

> "O *habeas corpus* controla não somente o direito à liberdade, senão, também, a validez, claro isto, do procedimento que possa resultar a restrição deste direito." (RT 553/438)

> "O *habeas corpus* pode servir de meio a prevenir ou obstar o constrangimento originado por decisão do juiz cível, proferida em ação de alimentos. É bastante que tenham ocorrido os pressupostos a que se refere o art. 5º, LXVII. Cinge-se, no entanto, o *habeas corpus* ao aspecto quase formal da decisão que decreta a prisão, no sentido de apurar-se apenas se houve abuso ou excesso de poder por parte do Magistrado, ou se seu veredito, *por vício de forma* (grifei), não pode prevalecer." (RTJ 82/697)

Note-se, inclusive, que nem mesmo o trânsito em julgado da decisão – ou sentença – que tenha

---

Habeas Corpus no Cível

decidido pela decretação de prisão civil considerada ilegal se constitui em óbice à imediata impetração do *writ*, o qual, contrariamente ao mandado de segurança não possui prazo preclusivo (ou decadencial), conforme decidiu, recentemente, o e. S.T.J., em aresto da lavra do e. Min. Barros Monteiro datado de 27.04.99 (com voto vencido do e. Min. Sálvio de Figueiredo).[34]

Um dos requisitos de capital importância no que concerne à validade das formas está ligado ao prazo do decreto de prisão civil. Ou seja, ao decretar a prisão civil ou mesmo ao intimar o devedor no sentido de que cumpra a decisão, pena de prisão civil, o magistrado da causa deve consignar, expressamente, o período de prisão (*art. 902, §1º, do Código de Processo Civil Brasileiro*), conforme recente construção pretoriana do e. S.T.J.[35]

No mesmo diapasão, entendemos que a competência, enquanto requisito de validade do ato judicial decretatório de prisão civil deve, necessariamente, obervar o que dispõe a Constituição Federal, no que atine à garantia do juiz natural (art. 5º, LIII, da Carta-Mor, com o seguinte teor: "ninguém será processado nem sentenciado senão pela autoridade competente" visto que, como ensinam Grinover, Fernandes e Gomes Filho:[36] "Agora, em face do texto expresso da Constituição de 1988, que erige em garantia do juiz natural a competência para processar e julgar, não há como aplicar-se a regra do

---

[34] QUARTA TURMA.HC 8.346-SP, Rel. originário Min. Sálvio de Figueiredo, Rel. para acórdão Min. Barros Monteiro, julgado em 27/4/1999.

[35] HC 7.932-MG, Rel. Min. Sálvio de Figueiredo Teixeira, julgado em 15/4/1999.

[36] Op. cit. p. 45.

art. 567 do CPP aos casos de incompetência constitucional: não poderá haver aproveitamento dos atos não-decisórios, quando se tratar de competência de jurisdição, como também de competência funcional (hierárquica e recursal), ou de qualquer outra, estabelecida pela Lei Maior."

Em relação, por exemplo, ao juízo competente para decretação de prisão civil decorrente de depósito infiel, no curso de processo de ação de execução, o e. S.T.J. decidiu, recentemente, que é competente o juízo deprecado, onde se fez a penhora e depósito para decidir sobre a prisão do depositário judicial infiel.[37] Anterioremente, a mesma Turma já havia esposado idêntico entendimento, o qual parece estar pacificado no S.T.J.[38]

Como se sabe, nos casos de prisão civil decorrente de débito alimentar, o magistrado do juízo de domicílio do alimentante será o territorialmente competente para a análise e julgamento do pedido de prisão e/ou sua revogação, por força do disposto no art. 27 de Lei de Alimentos - Lei 5.478 de 25 de julho de 1968 - e sua combinação com o art. 100, II, do Código de Processo Civil, que tem a seguinte redação:

"É competente o foro:
II - do domicílio ou da residência do alimentando, para a ação em que se pedem alimentos."

No mesmo sentido, a Súmula 1 do Superior Tribunal de Justiça (S.T.J.):

"O foro de domicílio ou da residência do alimentando é o competente para a investigação

---

[37] Conflito de Competência 1997/0048732-6. DJ22/03/1999.Relator Ministro Eduardo Ribeiro.

[38] CC 20.029-PR, Rel. Min. Eduardo Ribeiro, julgado em 25.11.1998.

de paternidade, quando cumulada com a de alimentos."

Também é territorial a competência estabelecida no art. 26, *caput*, da Lei de Alimentos - Lei 5.478/68, com o seguinte teor:

"É competente para as ações de alimentos decorrentes da aplicação do Dec. Legislativo 10, de 13 de novembro de 1958, e Dec. 56.826, de 02 de setembro de 1965, o juízo federal da capital da Unidade Federativa em que reside o devedor, sendo considerada instituição intermediária, para fins dos referidos decretos, a Procuradoria Geral da República."

É de se notar que a competência em razão do território é tida pela boa doutrina[39] como competência relativa, em oposição à competência absoluta, de modo que se o alimentante for regularmente citado em domicílio diverso do domicílio do alimentando ou de seu próprio domicílio, e não opuser a exceção "declinatória de foro", prorroga-se a competência, podendo o magistrado responsável territorialmente pela condução do feito, fazer expedir ordem de prisão contra o alimentante infiel, por força do art. 19 da Lei de Alimentos Provisórios:

"Art. 19. O juiz, para a instrução da causa ou na execução da sentença ou acordo, poderá tomar todas as providências necessárias para seu esclarecimento ou para cumprimento do julgado ou do acordo, inclusive a decretação de prisão do devedor até 60 (sessenta) dias."

---

[39] JUNIOR, Humberto Teodoro. *Curso de Direito Processual Civil*. Vol. I. 11ª ed. Rio de Janeiro: Forense. 1993. p. 175.

Ainda, cumpre ressaltar o teor do art.733 e parágrafos do Código de Processo Civil Brasileiro (C.P.C.):

"Art. 733. Na execução de sentença ou de decisão, que fixa os alimentos provisionais, o juiz mandará citar o devedor para, em (3) três dias, efetuar o pagamento, provar que o fez, ou justificar a impossibilidade de efetuá-lo.

§ 1º - Se o devedor não pagar, nem se escusar, o juiz decretar-lhe-á a prisão pelo prazo de um (1) a três (3) meses.

§ 2º - O cumprimento da pena não exime o devedor do pagamento das prestações vencidas e vincendas."

Enfim, entendemos que a fixação de requisitos de validade do ato judicial que decreta a prisão civil, seja do alimentante, seja do depositário infiel, seguindo-se a doutrina dos vícios dos atos administrativos é aplicável, no que for cabível, com o intuito de melhor definirmos a matéria litigiosa que será analisada pelo órgão julgador do *writ*, desprezando-se motivações vagas que inviabilizam o acesso das partes à via recursal.

Trataremos, doravante, das hipóteses que autorizam a prisão civil no Brasil, cotejando-as com o texto constitucional, objetivando verificar sua subsistência ou eventual revogação.

Iniciaremos pelo estudo da prisão civil por débito alimentar, autorizada até 60 (sessenta dias) pela Lei de Alimentos - Lei 5.478/68 e pelo art. 733, § 1º, do Código de Processo Civil (C.P.C.), que autoriza um período máximo de 3 (três) meses, consignando, desde já, que o prazo será contado de acordo com o art. 10, *caput*, do Código Penal Brasi-

Habeas Corpus no Cível

63

leiro, incluído, portanto, o dia de início de cumprimento da prisão civil, visto que o art. 125, *caput*, do Código Civil Brasileiro, prevê regra, em tese, menos benéfica à figura do devedor.

6

Prisão decorrente de débito alimentar

Inicialmente, cumpre-nos referir que o art. 5º, LXVII, da Constiuição Federal, ao asseverar que a prisão civil somente será permitida nas hipóteses de inadimplemento voluntário e inescusável de obrigação alimentícia e a do depositário infiel, revogou, sem dúvida alguma, todas as disposições em contrário. Portanto, outros casos de prisão civil, tais como a contida no art. 20 (relativo à recusa para exibição de livros); na Lei de Falências, os arts. 35 (referente ao devedor que não apresenta a relação de seus credores) e 69, § 7º (relativo ao síndico que não presta contas de sua atuação), ou mesmo a contida no art. 885 do atual Código de Processo Civil, com o seguinte teor:

"O juiz poderá ordenar a apreensão de título não restituído ou sonegado pelo emitente, sacado ou aceitante; mas só decretará a prisão de quem o recebeu para firmar aceite ou efetuar pagamento, se o portador provar, com justificação ou por documento, a entrega do título e a recusa de devolução."

Habeas Corpus no Cível

Basta a mera leitura do art. 153, §7º, da Constituição anterior, e sua comparação com o atual texto constitucional, como lembra Parizatto,[40] para chegarmos a estas conclusões, visto que "a anterior previa que não haveria prisão civil por dívida, multa ou custas, salvo o caso do depositário infiel ou do responsável pela obrigação alimentar na forma da lei. A atual prevê que caberá a prisão civil por dívida do responsável pelo inadimplemento voluntário e inescusável da obrigação alimentícia. No regime da atual Constituição, foram acrescentadas ao inciso referente à prisão por dívida alimentícia as palavras: inadimplemento, voluntário e inescusável, o que não ocorria na Constituição anterior."

Mauro Cunha e Roberto Geraldo Coelho Silva[41] respondem à indagação da seguinte forma: "como conciliar a imperatividade da norma constitucional - não haverá prisão civil - com estas situações previstas no direito positivo, se a ressalva se faz tão somente para as duas hipóteses já vistas? Na verdade, não há como conciliar: os dispositivos apontados (e outros quaisquer porventura existentes) devem ser havidos como insconstitucionais (*sic*), já que estabelecem nítido confronto com a vedação legal e não são abrangido pela ressalva. Esta inconstitucionalidade deverá ser o argumento principal da impetração do *habeas corpus* e da sentença que o conceder, não porque possa ela declarar a inconstitucionalidade, mas porque, entendendo

---

[40] PARIZATTO, João Roberto. *Do Habeas corpus*. Rio de Janeiro: AIDE, p. 139.

[41] CUNHA, Mauro; SILVA, Roberto Geraldo Coelho. *Habeas corpus no Direito Brasileiro*. Rio de Janeiro: AIDE, p. 109.

configurado o vício de desafeição com a norma constitucional, terá como inaplicável a lei em que se apóia o decreto de prisão e deferirá o pedido."

Concordamos inteiramente com a bem-lançada argumentação dos autores. Todavia, no que pertine à afirmação de que haveria hipótese legal de inconstitucionalidade das normas que previam a prisão civil, é de se consignar que recentemente o Supremo Tribunal Federal assentou entendimento, através da lavra do eminente Min. Paulo Brossard, no sentido de que o caso é de revogação da lei ordinária, sendo superfetação a propositura de ação direta de inconstitucionalidade junto ao Excelso Pretório.

Fica patente, portanto, que as prisões civis acima enfocadas se encontram revogadas por força do novo texto constitucional, excetuando-se a chamada "transgressão militar", prevista no art. 5º, LXI, da Carta-Mor, a qual, admite, contudo, a intervenção do Judiciário na verificação da estrita legalidade da medida, por força do art. 5º, XXXV, da Constituição Federal.

Seguindo nosso estudo, trazemos à colação a lapidar conceituação da obrigação alimentar de Sérgio Gilberto Porto[42] que ensina: "a toda evidência o direito a alimentos corresponde ao dever de prestá-los em sede de vínculo alimentar, eis que o direito à prestação de alimentos é recíproco entre os parentes assinalados na lei. Assim, o direito de exigir a tutela alimentar retrata ao mesmo tempo o dever de dá-la".

---

[42] PORTO, Sérgio Gilberto. *Doutrina e Prática dos Alimentos*. 2ª ed. 1991. Rio de Janeiro: AIDE, p. 13.

Esta reciprocidade, sem dúvida, vem consagrada nos arts. 396, 397 e 398 do Código Civil, pois tais dispositivos prevêem, em suma, a possibilidade de os parentes exigirem uns dos outros a prestação de alimentos, especialmente no que tange aos descendentes e ascendentes e ainda os irmãos, sejam germanos (filhos do mesmo pai e da mesma mãe) ou unilaterais (filhos apenas do mesmo pai ou da mesma mãe).

Afora os alimentos devidos reciprocamente entre parentes e entre cônjuges, também existem os alimentos, como já dito, decorrentes da vontade das partes e do ato ilícito. Aqueles podem levar por suporte um contrato ou até mesmo uma liberalidade, como p.ex. o caso do *alimentorum legatum*, onde o testador determina que seu herdeiro assuma o encargo de alimentar o legatário. Nestes, onde as relações jurídicas decorrem do direito obrigacional e não do direito de família (arts. 1.537, II; 1.538, § 2º; 1.548, todo do Código Civil) temos que os alimentos podem provir de um negócio jurídico *inter vivos* ou *causa mortis*, ou ainda de um fato, tal como o dever assistencial que existe para o responsável por um acidente automobilístico para com a vítima do evento danoso ou ainda para com os parentes desta.

Cahali,[43] em obra que dispensa maiores comentários, dada sua envergadura no cenário brasileiro, tece a seguinte consideração, ao caracterizar a obrigação alimentar: "a característica fundamental do direito de alimentos é representada pelo fato de tratar-se de direito personalíssimo; desta característica - a par da natureza publicística (de ordem

---

[43] CAHALI, Yussef Said. *Dos Alimentos*. 2ª ed. São Paulo: RT. 1993. p. 50.

pública) das normas que disciplinam este direito - decorrem, aliás, várias outras."

Araken de Assis[44] ensina que "os alimentos podem ser definitivos ou provisionais. Os alimentos definitivos, também chamados de regulares, são aqueles fixados mediante acordo dos interessados ou pelo juiz, através de um processo de cognição plenária. Neles se destacam, quanto à condição antecipatória, os alimentos provisórios estabelecidos *ex vi* do art. 4º, *caput*, da Lei de Alimentos, que são estes alimentos definitivos, mas antecipados. Ao revés, os alimentos provisionais, ou *ad litem*, embora possam abarcar os alimentos definitivos, vez que o art. 854, parágrafo único, do CPC, permite a cumulação dos alimentos provisionais com uma verba para a mantença do autor da ação, visam precipuamente atender despesas do processo, e, portanto, vinculam-se conceitualmente à existência de uma lide pendente."

Sobre o tema, assim pontifica Nélson Carneiro:[45] "o valor da prestação alimentícia terá de condicionar-se, todavia, às possibilidades de quem a cumpre e às necessidades de quem a recebe. A taxa de alimentos deve ser fixada, segundo as necessidades e condição social do alimentário e as posses do alimentante."

A reciprocidade inerente à obrigação alimentar alcança, incusive, os parentes mais distantes do credor, como já ressaltou o e. TJPR, *in* AI 174/88, 3ª Câmara Cível, v.u. 8/11/88, rel. Des. Silva Wolff :

---

[44] ASSIS, Araken de. *Da excução de alimentos e prisão do devedor*. Porto Alegre: Sergio Fabris, 1985. p. 38.

[45] CARNEIRO, Nélson. *A nova ação de alimentos*. 1972. Rio de Janeiro: Freitas Bastos. p. 43.

Habeas Corpus no Cível

"Evidenciado que o pai dos menores não tem, sozinho, condições financeiras para prover a susbsistência dos seus filhos, justifica-se o chamamento dos avós paternos na lide, para efeitos de os mesmos também concorrerem na complementação do *quantum* necessário, nos termos do art. 397 do CC."

Outro ponto a ser considerado, quando da análise primeira dos alimentos e sua execução, é verificar-se da viabilidade da renúncia dos alimentos nos casos de separação judicial e divórcio, visto que a boa doutrina[46] considera que a Súmula 379 do e. Supremo Tribunal Federal (S.T.F.) não se aplica em sua integralidade. A Súmula tem o seguinte teor:

"No acordo de desquite não se admite renúncia aos alimentos, que poderão ser pleiteados ulteriormente, verificados os pressupostos legais."

O entendimento do autor mineiro é no seguinte sentido: "sobre o prisma do casamento, os alimentos são de natureza contratual, decorrente da convenção respectiva, ou assumem caráter indenizatório, como espécie de sanção pela dissolução da sociedade conjugal (arts. 19 e 26 da Lei 6.515/77). Não sendo parentes, os consortes podem livremente deliberar, salvo o disposto no art. 34, §2º, da Lei do Divórcio, acerca da prestação alimentar recíproca. Desse modo, via de regra, se permite a renúncia, a dispensa, a prestação com limitação temporal, dentre outros acordo possíveis relativamente ao pensionamento."

---

[46] FILHO, Bertoldo Mateus de Oliveira. *Alimentos e Investigação de Paternidade*. 2ª ed. Belo Horizonte: Del Rey , 1996. p. 46.

Ousamos divergir do autor citado, visto que o casamento se constitui em instituição jurídica que não pode ser reduzida a mera esfera contratual, onde avultam os interesses particulares dos cônjuges. Inúmeros dispositivos legais, inerentes ao regime e à dissolução do matrimônio, servem como instrumento de ingerência estatal, visto que no casamento os interesses públicos em jogo apresentam relevo particularizado.Assim o texto do art. 6º da Lei de Divórcio - Lei 6.515/77 - que assevera:

"Art. 6º. Nos casos dos §§ 1º e 2º do artigo anterior, a separação judicial poderá ser negada, se constituir, respectivamente, causa de agravamento das condições pessoais ou da doença do outro cônjuge, ou determinar, em qualquer caso, conseqüências morais de excepcional gravidade para os filhos menores."

Resta evidenciado, portanto, que mesmo os efeitos patrimoniais do casamento podem subsistir após o divórcio, no que pertine aos alimentos, muito embora tal dever não se deva transformar em fonte de abuso e incentivo à ociosidade do alimentando. Contudo, o vínculo de solidariedade não pode se desfazer, ao cabo do matrimônio, sob a alegação de que, finda a "relação contratual", voltam os contraentes ao *status quo ante*.

Contudo, cumpre referir que boa parcela da doutrina mais abalizada[47] entende que "a impossibilidade de um cônjuge postular alimentos do outro após o divórcio, já que com este resulta absoluta a ruptura do vínculo matrimonial; ocorre um total

---

[47] PEREIRA, Sérgio Gischow. *Ação de Alimentos*. Porto Alegre: SAFE. 1983. p. 15/16.

desfazimento do casamento que um dia houve. Todavia, há a possibilidade de persistirem os alimentos após o divórcio se estes já estavam convencionados desde a época da separação ou se forem postulados durante o ajuizamento da pretensão extintiva do vínculo matrimonial, ou seja, durante o trâmite da ação de divórcio, seja direto ou mera conversão."

Portanto, apesar de nossa discordância, ressaltamos a possibilidade de impetração de *habeas corpus* em favor do devedor de dívida alimentícia que, nos casos de divórcio, "contratou" com o cônjuge a renúncia expressa do direito à pensão, ficando preservado o vínculo parental o qual, por força do art. 404 do Código Civil Brasileiro, não admite a renúncia.

Finalizamos, referindo outras duas características de fundamental importância do direito aos alimentos: a imprescritibilidade e a impenhorabilidade.

No primeiro caso, como professa Cahali,[48] "a doutrina, no que agora se mostra uniforme em reconhecer a imprescritibilidade do direito aos alimentos, do mesmo modo firma que a prescrição qüinqüenal a que se refere o art. 178, §10, I, do CC (reafirmado e explicitado pela Lei 5.478/68), só alcança a prestação periódica de pensões alimentícias, fixadas em sentença ou convencionada, operando-se, neste caso, com relação a cada prestação atrasada que se for tornando exigível; o inadimplemento do devedor e a falta de reclamação do credor, durante aquele período, faz perecer paulatinamente a pretensão àquelas parcelas."

---

[48] Op. cit. p. 105.

Em relação à impenhorabilidade do crédito alimentar, Sérgio Gilberto Porto[49] lembra que "é princípio assente em nosso ordenamento jurídico o da impenhorabilidade dos alimentos, sejam estes naturais ou civis. Este princípio está consagrado na regra constante do art. 1.430 do Código Civil que admite a tese de que a renda constituída por título gratuito pode, por ato do instituidor, ficar isenta de todas as execuções pendentes e futuras. Essa isenção existe de pleno direito em favor de montepios e pensões alimentícias".

Ficam evidenciadas, portanto, as origens da obrigação alimentar, bem como sua espécies, razão pela qual passamos, doravante, à exposição da prisão civil proprimente dita, em casos de inadimplência voluntária e inescusável da dívida alimentícia. Passemos, então à análise da prisão do devedor.

Na sempre presente lição de mestre Araken de Assis,[50] "os meios executórios se dividem em duas ramas bem distintas, não obstante existir execução própria e autêntica em ambas: a sub-rogação, onde a vontade do devedor é desprezada, pois indiferente no destino do processo, e a coação, onde ela é essencial e, por este motivo, exigida. A sub-rogação abrange a expropriação (art. 647 do CPC), o desapossamento (art. 625 do CPC) e a transformação (arts. 633, 639, 641 e 643). Na primeira, temos de diferençar a alienação coativa (arts. 686 a 707 do CPC), a adjudicação (arts. 714 e 715 e parágrafo único do CPC) e o desconto (art. 734 e parágrafo único do CPC). De outro lado, a coação pode ser pessoal (art. 733 e §§ do CPC), quando a pressão

---

[49] Op. cit. p. 20.

[50] Op. cit. p. 24.

psicológica traz consigo a ameaça de privação da liberdade, ou patrimonial (arts. 644 e 645 do CPC), ou uma multa de valor crescente e intolerável." Abolida que foi a execução que atingia a integridade ou a liberdade corpórea do cidadão, que poderia ser, inclusive, escravizado e vendido *além-Tibre*, através da *lex Poetalia Papiria*, surge a idéia da execução patrimonial, através de meios sub-rogatórios, seguindo-se a esteira do sistema romano-germânico. A par disto, o sistema anglo-saxônico desenvolveu mecanismos de coação, nos quais a vontade do devedor deveria estar voltada à satisfação do credor, mormente no que compete às obrigações de fazer, não-fazer e tolerar *(pati)*. Desta forma, países como Inglaterra e Estados Unidos desenvolveram instrumentos jurídicos tais como as *injuctions* e no âmbito Judiciário o *contempt of court* (desrespeito ou desprezo à Corte), através dos quais viabilizavam o cumprimento em espécie da obrigação assumida. No Brasil, desde a publicação da Lei de Ação Civil Pública - Lei 7.343/85 - notou-se um incremento da atividade executória desenvolvida através da coação por meios suasórios na pessoa do devedor. Contudo, há que se registrar que, historicamente, a execução no Brasil se utilizou dos meios de sub-rogação nos quais a vontade do devedor é dispensada, determinando-se à agressão judicial em relação ao seu patrimônio (ações de execução) ou mesmo o acesso do credor ao patrimônio pretendido (ações executivas *lato sensu*).

O art. 287, *caput*, do Código de Processo Civil, retrata o panorama brasileiro: "Se o autor pedir a condenação do réu a abster-se da prática de algum ato, a tolerar alguma atividade, ou a prestar fato que não possa ser realizado por terceiro, constará da petição inicial a cominação de pena pecuniária para o caso de descumprimento da sentença (arts. 644 e 645)."

Uma inovação foi trazida pela Lei 8.953/94, através da alteração do texto do art. 645, *caput*, do Código de Processo Civil:

"Art. 645. Na execução de obrigação de fazer ou não-fazer, fundada em título extrajudicial, o juiz, ao despachar a inicial, fixará multa por dia de atraso no cumprimento da obrigação e a data a partir da qual será devida."

Contudo, dessume-se que o "sistema" de execução civil brasileiro permanece fiel à técnica romano-germânica, com exceção, exatamente, da execução de dívida alimentícia, visto que prevê a aplicação de pena de prisão civil em até 60 (sessenta) dias, consoante a Lei 5.478/68 - Lei de Alimentos - em seu art. 19, *caput*, e, ainda, prisão em até 3 (três) meses, de acordo com a previsão do art. 733, § 1º, do Código de Processo Civil.

Temos, pois, que convencionar que o "sistema" previsto na ordenação processual civil brasileira para a execução de dívida alimentícia adotou duplo instrumental, colimando a preservação do valor "vida" do alimentando, mesmo que em eventual detrimento do valor "liberdade".

Antes, cumpre divisar, conforme lembra Araken de Assis,[51] as diversas espécies de obrigações alimentares: os alimentos legítimos (advindos do *jus sanguinis)*, os voluntários (por ato de vontade, *inter vivos* ou *causa mortis*), os alimentos emergentes

---

[51] Op. cit. p. 38.

de ato ilícito (art. 1.537, II e 1.539, do CC). Dentre as variadas espécies, podemos reclassificá-las em alimentos definitivos ou provisórios - acertados através de cognição plenária ou antecipados por força do art. 4º, *caput*, da Lei de Alimentos) e os provisionais, ou *ad litem*, que "embora possam abarcar os elementos inerentes a alimentos definitivos, vez que o art. 854, parágrafo único, do CPC, permite a cumulação dos alimentos provisionais com uma verba para a mantença do autor da ação, visam precipuamente atender despesas do processo e, portanto, vinculam-se conceitualmente a uma lide pendente", como lembra o mestre gaúcho.

Cumpre salientar, ainda, parcela considerável da doutrina nacional incluindo, Cahali[52] e o próprio Araken de Assis[53] - muito embora este último cogite o contrário - entende que somente o "acertamento" judicial prévio da lide alimentar, fixando-se a obrigação judicial de dar alimentos, se encontra legalmente apto a ensejar a execução prevista nos arts. 732 e seguintes do CPC.

No tocante às formas de execução da dívida alimentícia, o entendimento ministrado por Araken de Assis[54] é no sentido de que "a fonte dos meios executórios para a execução do crédito alimentar encontra-se nos arts. 732 a 735 do CPC e na Lei de Alimentos. O exame da lei especial é decisivo, outrossim, na solução do problema fundamental, hoje, do credor de alimentos, qual seja, o da escolha do meio executório. De logo, inquestionável que a lei de alimentos estatui uma inequívoca gradação

---

[52] Op. cit. p. 855.
[53] Op. cit. p. 40.
[54] Op. cit. p. 42.

dos meios executórios", e mais adiante, ao analisar os arts. 16, 17, e 18 da Lei de Alimentos, conclui que "é visível, assim, que a coação pessoal e a expropriação estão no mesmo plano, ou grau, na ordem estabelecida na lei, tirante a existência suposta de crédito penhorável. E mais, a impossibilidade do desconto em folha, ou da penhora de crédito, faz a escolha do credor recair, livre e indistintamente, entre a expropriação de bens diversos de crédito ou coação pessoal."

Não sem razão o doutrinador elege o bem "vida" em desfavor do bem "liberdade humana". Contudo, não podemos acatar sem reservas tal posicionamento, visto que a Lei de Alimentos, em seus arts. 27, *caput*, 16 e 17, remetem a execução dos alimentos provisórios aos arts. 733 e seguintes do Código de Processo Civil.

O art. 16, *caput*, da Lei de Alimentos estabelece que:

"Na execução de sentença ou do acordo nas ações de alimentos será observado o disposto no art. 734 e seu parágrafo único do Código de Processo Civil" (artigo com redação dada pela Lei 6.014/73 - que adequou leis ordinárias ao sistema do Código de Processo Civil, visto que a Lei de Alimentos é de 1968).

O art. 734 e parágrafo único do CPC, por sua vez, preceitua que:

"Quando o devedor for funcionário público, militar, diretor ou gerente de empresa, bem como empregado sujeito à legislação do trabalho, o juiz mandará descontar em folha de pagamento a importância da prestação alimentícia.

Parágrafo único. A comunicação será feita à autoridade, à empresa ou ao empregado por ofício, de que constarão os nomes do credor, do devedor, a importância da prestação e o tempo de sua duração."

Tais regras estão em perfeita harmonia com o disposto no art. 649, IV, do CPC:

"São absolutamente impenhoráveis:

IV - os vencimentos do magistrados, dos professores e dos funcionários públicos, o soldo e os salários, *salvo para pagamento de prestação alimentícia* (grifei)."

Nota-se pela atenta leitura do texto original da Lei de Alimentos, comentada por Nélson Carneiro,[55] mormente do art. 16, *caput*, antes da alteração operada pela Lei 6.014/73, que o teor é praticamente o mesmo em relação ao atual. A única alteração residiu em remeter a execução dos alimentos provisórios ao então art. 929, § 1º, do anterior Código de Processo Civil, que, por sua vez, possui idêntico teor em relação ao atual art. 734 e parágrafo único do CPC de 1973.

Houve, portanto, clara manifestação do legislador em adequar o Código de Processo Civil de 1973 ao disposto na Lei de Alimentos de 1968, sendo que o legislador praticamente reprisou os textos, alterando, tão-somente, a numeração dos artigos.

Todavia, em relação ao art. 18, *caput*, (com redação alterada pela Lei 6.014/73), que hoje possui o seguinte teor:

"Se, ainda assim, não for possível a satisfação do débito, poderá o credor requerer a execução

---

[55] Op. cit. p. 131.

da sentença na forma dos arts. 732, 733 e 735 do Código de Processo Civil."

A redação original era a seguinte:

"Se, mesmo assim, não for possível a satisfação do débito alimentício, o juiz aplicará o disposto no art. 920 do Código de Processo Civil."

Por sua vez, o art. 920, *caput*, do anterior CPC previa a possibilidade de decretação imediata de pena de prisão do devedor, desde que, findo o tríduo legal, o devedor não provasse ter saldado o débito, justificar a impossibilidade do pagamento ou não efetuar o pagamento.

Ou seja, o texto original da Lei de Alimentos remetia ao texto do anterior CPC, que hoje equivaleria ao texto do art. 733, *caput* e parágrafos do CPC de 1973.

Contudo, a alteração operada pela Lei 6.014/73 no art. 18, *caput*, Lei de Alimentos, ao contrário do ocorrido com o texto do art.16, *caput*, não visou, tão-somente, a adequar a mera numeração dos artigos, mas sim, colimou alterar, substancialmente, a forma dada à execução dos alimentos provisórios, visto que o texto atual do art. 18, *caput*, faz literal referência ao art. 732, *caput*, do atual CPC, que tem o seguinte teor:

"A execução de sentença, que condena ao pagamento da prestação alimentícia, far-se-á conforme o disposto no capítulo IV (que fala da execução por quantia certa contra devedor solvente) deste título"

O capítulo IV, por sua vez, também se submete ao regramento geral imposto pelo art. 620, *caput*, do CPC:

Habeas Corpus no Cível

"Quando por vários meios o credor puder promover a execução, o juiz mandará que se faça pelo modo menos gravoso para o devedor."

A exemplo do que ocorre nas obrigações alternativas, a escolha do meio executório, apesar de pertencer ao credor, será feita em benefício da figura do devedor (pura opção de política legislativa).

Ora, se o art. 18, *caput*, da Lei de Alimentos, em sua redação original, não previa a adoção da execução por quantia certa contra devedor solvente - que já existia sob a égide do anterior CPC - e o atual texto, com redação dada pela Lei 6.014/73, mais que adequar a lei ao CPC, ou mesmo o contrário, elege nova via executória e considerando-se que a execução será promovida através do meio menos gravoso à figura do devedor, fica evidente que não podemos adotar o posicionamento de Araken de Assis, apesar de seu natural brilhantismo.

Assim como o conteúdo publicístico do processo não fica adstrito ao alvedrio das partes, resta evidenciado que ao magistrado, no uso do impulso oficial, incumbe a tarefa de determinar que o credor se utilize, no caso dos alimentos provisórios, de: 1º) desconto em folha; 2º) cobrança de alugueres de prédios ou outros rendimentos percebidos pelo devedor; 3º) penhora e expropriação de bens; 4º) prisão civil do devedor (coação pessoal).

Houve, portanto, equívoco manifesto do legislador, ao estabelecer no atual art. 18, *caput*, que os alimentos provisórios poderiam ser executados também na forma do art. 735, *caput*, do CPC, visto que tal preceito constitui superfetação jurídica, dado que o texto já faz referência ao art. 732, *caput*, do CPC, com redação praticamente idêntica ao texto do art. 735, *caput*.

Veremos, mais adiante, que o art. 735, *caput*, do atual CPC tem aplicação restrita aos alimentos provisionais ou *ad litem*.

Em relação ao alimentos provisionais, o procedimento a ser adotado é do art. 733, *caput* e parágrafos do atual CPC, com a possibilidade de decretação de prisão do devedor, desde que requerida pelo credor - não podendo ser decretada *ex officio* - e considerando que o devedor não apresente justificativa plausível para seu inadimplemento, ou, ainda, comprove o pagamento ou mesmo realize-o de plano.

Dirão, alguns, mas como viabilizar-se a decretação, *ab initio* da prisão do devedor de alimentos provisionais e negá-la ao devedor dos provisórios e definitivos (título antecipado ou já definitivamente "acertado")?

A argumentação que adotamos aponta no sentido de que os provisionais ou *ad litem* servem para a manutenção em regime urgente da vida do credor (ou autor da ação), sendo certo que Araken de Assis admite sua cumulatividade com os alimentos provisórios, o que deveria se constituir em regra geral. Ora, o legislador, partindo exatamente da premissa de que haveria a "cumulatividade" aventada, entendeu que a antecipação dos alimentos provisórios, definidos no art. 4º da Lei de Alimentos, poderia-se submeter ao às vezes moroso processo de execução de dar coisa certa contra devedor solvente, mesmo porque seu valor deveria ser logicamente superior ao valor atribuído aos alimentos *ad litem*. Estes, por se destinarem exclusivamente à manutenção da vida do autor da ação durante seu

Habeas Corpus no Cível

trâmite, olvidam, em sua fixação, a envergadura financeira do devedor na ação, ao contrário do que ocorre nos alimentos provisórios. Estes últimos baseiam-se no binômio legal, capacidade financeira do alimentante/necessidade do alimentado. Ora, fica patente o fato de que se o pedido de alimentos provisionais for proposto contra pessoa abastada, e o montante pleiteado pelo autor for somente o suficiente para sua manutenção vital, tal valor será infinitamente inferior ao valor dos alimentos provisórios ou definitivizados.

Bastam tais argumentos para provar que não é exclusiva opção do credor dos alimentos fundados na Lei 5.478/68 (Lei de Alimentos), se proceder à execução de quantia certa contra devedor solvente ou alternativamente, proceder à execução coativa pessoal com o uso da prisão, mas sim, dever do magistrado definir a primeira em detrimento da segunda, por força do disposto no art. 620, *caput*, do CPC e art. 27, *caput*, da Lei de Alimentos.

Ao contrário, reza o art. 735, *caput*, do CPC que na hipótese do devedor, constitui faculdade do credor promover a execução do débito alimentar através do processo de execução de quantia certa contra devedor solvente:

> "Se o devedor não pagar os alimentos provisionais a que foi condenado, *pode* (grifei) o credor promover a execução da sentença, observando-se o procedimento estabelecido no capítulo IV deste título."

Não assiste razão ao mestre Adroaldo Furtado Fabrício, citado por Sérgio G. Porto,[56] quando con-

---

[56] Op. cit. p. 83.

signa que "ter-se-á de concluir que a prisão do alimentante, quanto a sua duração, segue regulada por lei especial, podendo ser decretada até 60 dias.", visto que a lei especial, ao tratar dos alimentos provisórios ou já definitivizados, remete a execução futura para o art. 733 e § 1º, do CPC. Ora, se lei posterior de 1973 (CPC) estabelece prazo de até três meses, e considerando que a Lei 6.014/73 operou uma série de aterações na Lei de Alimentos, sem "tocar" no texto do art. 19, *caput*, fica evidenciado que permanecem ambos os prazos, caso contrário a Lei 6.014/73 teria operado alteração no dispositivo enfocado. Em não o fazendo e considerando-se a perfeita harmonia entre as normas, entendemos coexistentes ambos os prazos : até 60 dias para os alimentos da Lei 5.478/68 e até três meses para os alimentos provisionais.Esta também a posição de Nélson Nery Jr.[57]

Sobre o art. 733, §§ 1º e 2º, do CPC, salientamos o texto do seguinte excerto:

"Havendo manifestação tempestiva do devedor de alimentos, acerca da impossibilidade de arcar com o ônus do débito, não pode o juiz decretar, desde logo, a custódia, sem a apreciação da justificativa, a teor do art. 733, § 1º, do CPC." (*RSTJ 24/120*)

Os seguintes acórdãos seguem o mesmo sentido:

"quando o alimentante impugnou o cálculo do valor do débito, por intermédio de agravo com efeito suspensivo, e as dívidas são pretéritas e sem a virtude de assegurar a susbsistência

---

[57] Op. cit. p. 84.

presente do alimentando, concede-se o HC." (STF. HC 67.015-6 Rel. Francisco Rezek. RT 645/201)

"se for decretada a prisão do alimentante que tiver recursos financeiros suscetíveis de penhora e arresto, já que esta forma de constrição da liberdade de locomoção somente pode se verificar na hipótese de extrema frustração da execução pelo devedor." (TASP, RT 631/115)

Salientamos que, recentemente, o e. S.T.J. direcionou parcela de seu entendimento, para o sentido de que cabe ao credor da pensão alimentícia a escolha da via processual para executar as prestações alimentícias vencidas, mesmo que pretéritas, isto é, as que perderam o seu caráter alimentar,[58] muito embora em data de 18.02.99 a Terceira Turma, em aresto tendo como relator o e. Min. Nilson Naves tenha tomado o rumo inicial, asseverando que "havendo prestações alimentícias em atraso, a exigência do pagamento, sob pena de prisão, deve-se restringir às três últimas, remetendo-se as restantes à execução prevista no art. 732 do CPC.[59]

Cumpre salientar que das três hipóteses de defesa elencadas no art. 733, *caput*, do CPC, a fim de evitar a decretação da prisão civil: efetuar o pagamento, provar que o fez ou justificar a impossibilidade de fazê-lo, a terceira apresenta um âmbito mais dilargado para a discussão da matéria, visto que admissível a produção probatória. Ensina Araken de Assis:[60] "Admite-se, no caso, a produção de

---

[58] REsp 140.876-SP, Rel. Min. Sálvio de Figueiredo, julgado em 1º.12.1998.

[59] RHC 7.816-ES, Rel. Min. Nilson Naves, julgado em 18/2/1999.

[60] Op. cit. p. 84.

qualquer meio de prova. O problema está na procedência da justificativa do executado. É natural que fatos imprevistos, como o desemprego, a doença, ou o nascimento de filho, tendo o devedor reconstituído o núcleo familiar, são motivos justos e aceitáveis para uma eventual falta de moeda corrente e excludentes, e óbvio, da prisão." Ademais, segundo a melhor jurisprudência (TJSC, HC 7.803, j. 25/3/86, Rel. Des. Hélio Mosimam) "não se incluem outras verbas, como custas processuais e honorários advocatícios - cobráveis em execução regular, no cálculo da pensão alimentícia a cujo pagamento está sujeito o devedor, sob ameaça de prisão civil". Cumpre consignar que, apesar de examinadas as razões invocadas pelo devedor, objetivando elidir o decreto de prisão, a matéria poderá ser reapreciada pelo órgão *ad quem*, desde que desnecessária a dilação probatória, visto que, como regra, o procedimento adotado pelo tribunais, em seus respectivos regimentos internos, em muito se assemelha ao rito imposto pela Lei 1.533/51 (Lei de Mandado de Segurança, alterada posteriormente pelas Leis 4.348/64 e 5.021/66).

Todavia, consignamos que a jurisprudência, iterativamente, manifesta-se em sentido oposto:

"não cumprida a obrigação do pagamento de pensão alimentícia, sendo certo, ainda, que se cuida de devedor recalcitrante, descabe, na via do *writ*, examinar aspectos probatórios da questão, como a falta de condições financeiras." (STJ, RHC 6242, 6ª Turma, rel. Min William Paterson, DJ de 22.04.1997)

"prisão civil por débito de natureza alimentar. Questões atinentes ao mérito. Não constitui constrangimento ilegal a decretação de prisão formalmente escorreita, por dívida alimentar. Os pontos referentes ao período temporal remoto, a decisão de homologação de cálculos pendente de recurso e impossibilidade de cobrir o débito constituem *meritus quaestionis* inapreciáveis na via estreita do *writ*. Recurso conhecido e improvido." (STJ, RHC 6091, 5ª Turma, rel. Min. José Arnaldo da Fonseca, DJ de 05.05.97)

Parizatto[61] traz à colação entendimento jurisprudencial com o mesmo sentido, encartado na RT 466/313, com o seguinte teor: "constitui constrangimento ilegal a falta de apreção dos fatos narrados pelo devedor sem nenhuma investigação das reais condições econômicas do mesmo."

Assim também, nos seguintes julgados:

"se o alimentante exerceu o direito de escusar-se a que alude o art. 733, § 1º do CPC, não pode o juiz decidir pela decretação da prisão, sem antes afastar as alegações." (Ac. 2ª Câmara do TJSP no HC 21.187-1 em 02.03.82 - RT 596/48)

"Alimentos. Prisão do devedor. Alegação de impossibilidade econômica. Prova admitida até a verificação de sua realidade. Ordem de *habeas corpus* concedida em parte." (Ac 5ª Câmara Cível do TJSP em 17.03.83 - RT 577/64)

"Alimentos. Atraso no pagamento de prestação. Justificação apresentada pelo devedor. Falta de apreciação pelo juiz. Concessão de *habeas corpus*." (Ac 1ª Turma do STF em 20.04.82 no RHC 59.583-9, RT 572/231)

---

[61] Op. cit. p. 142.

Decretada a prisão civil do devedor, seja pela não-apresentação de justificativa, seja pela recusa por parte do magistrado das razões invocadas pelo devedor, ou mesmo pelo depósito parcial das quantias devidas, surge a possibilidade de, *pari passu* em relação à interposição do agravo - art. 522, *caput*, do CPC (alimentos provisionais) ou art. 19, § 2º, da Lei 5.478/68 (alimentos provisórios ou definitivos), impetração de *habeas corpus* civil por parte do devedor sujeito à prisão, visto que o *writ*, enquanto ação autônoma de impugnação, inaugura nova relação processual, diversa e autônoma da anterior. Todavia, há entendimento diverso no E. Superior Tribunal de Justiça (STJ):

> *"Habeas Corpus*. Ocorrendo o julgamento da ordem de *habeas corpus* substitutiva de recurso próprio, julga-se prejudicado o mesmo sob pena de incorrer-se em uma decisão reiterativa." (STJ, RHC 5897, 5ª Turma, rel. Min. Flaquer Scartezzini. DJ de 19.05.1997)

Aberta a via do *habeas corpus*, cumpre-nos analisar, de momento, a competência para a apreeição do pedido - que não se confunde com a competência para a decretação da prisão civil; esta última, inclusive, conforme leciona Cahali,[62] "deve ser ordenada pelo juiz da causa em que os alimentos foram estipulados, ou estão sendo exigidos; assim, como mero cumpridor da precatória, é defeso ao juízo deprecado determinar a prisão civil do devedor de pensão alimentícia e fixar o respectivo prazo."

---

[62] Op. cit. p. 792.

A competência para a análise do *habeas corpus* impetrado contra ato judicial ilegal ou abusivo de hostilização à liberdade ambulatória do devedor de alimentos é, no Estado do Paraná, do e. Tribunal de Justiça, por força do disposto no art. 101, VIII, da Constituição do Estado do Paraná, visto que o Estado conta com um Tribunal de Alçada. Este, por sua vez, no Estado do Paraná, é responsável pelo julgamento de *habeas corpus* impetrados contra decreto de prisão por depósito infiel, por força do disposto no art. 103, III, *h*, da Constituição Estadual. Nos estados da Federação que não possuem Tribunal de Alçada - grande maioria - a competência é, evidentemente, reservada ao Tribunal de Justiça local.

Outro ponto que merece especial destaque, diante dos inúmeros julgados existentes, guarda pertinência com a questão competencial ligada a decreto de prisão, oriundo de Juiz-Presidente da Junta de Conciliação e Julgamento, agora nos casos de depósito infiel:

> "*Habeas Corpus* preventivo. Ameaça de prisão por descumprimento de ordem emanada de juiz do trabalho. Competência do Tribunal Regional Federal, inteligência do art. 108, I, *a* e *d* da Carta Magna. Precedente do S.T.F." (TRF da 5ª Região. HC 5196230, 1ª Turma. DJ de 29.08.97)

> "Os Tribunais Regionais Federais são competentes para o conhecimento do *habeas corpus*, quando a autoridade coatora for juiz do trabalho. Aplicação analógica do art. 100, I, *a* da CF. Precedentes. Inocorrência de abuso de poder por parte da magistrada, uma vez que não se

trata de prisão penal, mas de prisão civil de depositário infiel, coação admitida para cumprimento das obrigações." (HC, TRF 2ª Região. 1ª Turma, DJ de 29.04.97, 229584)

"Compete ao TRF da 1ª Região processar e julgar *habeas corpus* contra ato de juiz trabalhista que decreta prisão civil. Ilegalidade da ordem prisional, não assumindo o cargo de fiel depositário, pela recusa de aceitar o múnus. Ordem concedida." (TRF 1ª Região, HC 1803, 4ª Turma, DJ 05.05.97)

Considerando que a competência, a finalidade a forma, são, a nosso ver, requisitos indispensáveis para a validade do decreto de prisão civil, seja do devedor de pensão alimentícia ou do depositário infiel, visto que o decreto de prisão é ato vinculado a tais requisitos, passemos, doravante, à análise destas questões, visto que os tribunais superiores, como regra, não aceitam a rediscussão da causa em sede de *habeas corpus*, mormente quando tal providência implica a reavaliação da prova. Fica evidenciado que o aspecto formal e a observância dos requisitos de validade do decreto de prisão, mormente nas questões alimentares, nas quais ao devedor se abre prazo para justificação prévia da inadimplência, são de capital importância para o sucesso do *habeas corpus* nos tribunais. Assim : STJ, rel. Min. Anselmo Santiago, DJ de 04.08.1997, 6ª Turma, com o seguinte teor:

"Impossibilidade de se apreciar, na execução efetuada pela forma antes indicada, dívidas que teriam sido pagas pelo ex-marido em favor da consorte e da filha. Pretendida compensação com pagamentos feitos pelo paciente. No *writ* em questão de alimentos, a discussão se limita ao *error in procedendo* e não ao *in judicando*."

Ainda, manifestação em igual sentido da mesma 6ª Turma do e. STJ, *in* HC 5478, DJ de 22.04.1997. rel. Min. Wiliam Paterson:

"Não cumprida a obrigação do pagamento da pensão alimentícia, decretada em sentença definitiva, e pretendendo-se discutir a questão da falta de condições financeiras de conteúdo probatório e impossível na via do *writ*, merece ser prestigiada a decisão impugnada. HC indeferido."

Idêntica manifestação da 6ª Turma do S.T.J. agora em RHC 23516, DJ de 18.11.1996, rel. Min. Anselmo Santiago:

"O *habeas corpus* não é a via própria de que possa valer-se o devedor de pensão alimentícia para obter o parcelamento da dívida."

Tais excertos resumem considerável parcela da jurisprudência junto ao e. S.T.J.

Apesar de tal afirmação, nota-se que os julgados referentes ao decreto de prisão do depositário infiel admitem, em tese, a rediscussão do tema:

"É nula a sentença proferida em ação de depósito na qual a citação se fez a pessoa sem poderes de gerência ou representação da sociedade. Tendo havido revelia no processo de conhecimento, o reconhecimento de nulidade independe de ação rescisória, podendo ser invocada e apreciada até mesmo nos embargos à execução. Nada impede, portanto, seja ela reconhecida e declarada por via de *habeas corpus*, quando se faz presente risco ao direito de liberdade. Ordem concedida." (TRF da 4ª Região, HC 460957, 2ª Turma, DJ de 23.07.1997)

"A simples alegação ou *notitia criminis* de um furto totalmente incomum de seis mil e quinhentas cabeças de gado, não exime a responsabilidade do depositário, a separação de fato e posterior divórcio não elidem, de per si, a obrigação anterior. Recurso conhecido e não provido." (STJ 5ª Turma, RHC 6036, DJ de 24.03.1997, rel. Min. Félix Fischer.)

"Não tendo sido o depositário intimado a entregar o bem penhorado ou seu equivalente em dinheiro no prazo de 24 horas, torna-se ilegal a decretação de sua prisão civil. Ordem concedida." (TRF da 5ª Região, DJ de 18.10.1996, 1ª Turma, HC 500622)

Em relação à competência, já referimos a impossibilidade de o juízo deprecado decretar a prisão, bem como acatamos a hipótese de prorrogação de competência nas ações alimentares, desde que ausente a exceção declinatória de foro, por parte do devedor, visto se tratar de incompetência relativa, em razão do território.

A forma, englobado o conceito de fundamentação do decreto de prisão, se mostra como requisito de validade da ordem judicial. Ínsito ao conceito da forma, temos que o decreto de prisão além de escrito, deve, necessariamente, conter os elementos previstos no art. 285, parágrafo único, do CPP, devendo ser cumprido por servidor da Justiça regularmente investido na função. Assim, os seguintes julgados:

Habeas Corpus no Cível

"Em sede de *habeas corpus* em que se alega a ocorrência de grave constrangimento ilegal, consubstanciado em prisão civil sem justa causa, da omissão no exame da liminar requerida resulta novo constrangimento ilegal, passível de reparação pelo mesmo remédio constitucional." (STJ, HC, 5132, rel. Min. Vicente Leal, DJ de 03.02.1997. HC concedido)

"A constituição e a lei processual civil exigem que a prisão do devedor de pensão alimentícia promane de decisão fundamentada não podendo decorrer de mero despacho ordenando o pagamento, sob pena de prisão." (S.T.J. RHC, rel. Min. Costa Lima, DJ de 4.05.1992, p. 5895)

"A prisão do devedor de alimentos pressupõe tenha ele sido regularmente intimado para efetuar o pagamento de quantia certa. Não basta intimá-lo para pagar pensões alimentícias em atraso." (RT 597/367)

"O decreto de prisão civil por obrigação alimentícia, como as demais decisões judiciais, deve ser suficientemente fundamentado, como indica a objetiva de que o inadimplemento é voluntário e inescusável, *ex vi* do art. 5º, LXVII, c/c art. 93, IX, ambos da Constituição Federal." (STJ, RHC 9037, 6ª Turma, rel. Min. Vicente Leal, DJ de 03.06.1996)

O terceiro requisito que deve, inolvidavelmente, ser obedecido pelo magistrado quando da decretação da prisão civil por dívida alimentícia, é a finalidade a que se destina. Conforme Cretella

Junior,[63] "a prisão civil, no caso de alimentos, não representa modalidade de procedimento executório de natureza pessoal, mas mero meio de coerção para conseguir o adimplemento da prestação por obra do devedor, nela não se vislumbrando o menor traço de índole punitiva. Tendo natureza, por excelência, compulsiva, tão-só, a prisão não pode ser transformada em corretiva, a pretexto de aviso para que não reiterem impontualidades, ou como sanção, em decorrência de impontualidades já ocorridas."

Forte em tais argumentos, entendemos que a prisão civil não pode ser decretada, de maneira alguma, em casos de inadimplência resultante da impossibilidade do pagamento do débito total, bem como nos casos em que a prescrição colheu prestações dispensadas pelo credor, por força do art. 23 da Lei de Alimentos, que fixa o lapso temporal para a prescrição em cinco anos, muito embora ressalva a irrenunciabilidade do direito, fato que já debatemos. Inclusive, é matéria assente na jurisprudência nacional, o fato de que somente a execução das três últimas parcelas do débito alimentar enseja a decretação da prisão civil, após a execução, sendo que o total do débito deve ser cobrado pelas vias regulares de cobrança, dado que o instituto da prisão civil se prende à necessidade de urgente garantia da integridade física do credor. A prisão civil por alimentos possui caráter meramente coercitivo, e não punitivo (RT 527/91), tendo por escopo obrigar, ainda que de forma coercitiva, o devedor de alimentos, para que esse cumpra com sua obriga-

---

[63] JÚNIOR CRETELLA. *Comentários à Constituição Brasileira de 1988.* 3ª ed. 1992, v.1. 405, p. 562.

ção, pagando aquilo que injustificadamente tem-se negado (RHC 54.795-RJ, STF).

A finalidade do instituto é preservada na medida em que o provimento se mostra útil ao cumprimento dos objetivos previstos em lei. Na proporção em que se executam prestações pretéritas, exigindo-se a prisão do devedor, surge o "desvio de finalidade" da medida constritiva.

Segundo escólio de Hely Lopes Meirelles,[64] "a teoria dos motivos determinantes funda-se na consideração de que os atos administrativos, quando tiverem sua prática motivada, ficam vinculados aos motivos expostos, para todos os efeitos jurídicos. Tais motivos é que determinam e justificam a realização do ato e, por isto mesmo, deve haver perfeita correspondência entre eles e a realidade."

Ora, se o art. 93, IX, da Constituição Federal estipula que todas as decisões do órgãos do Poder Judiciário devem ser fundamentadas, pena de nulidade, não há como se negar que à instância superior, através do *habeas corpus*, incumbe analisar a exata correspondência entre a motivação do ato constritório da liberdade e os elementos de prova que instruem o *writ*.

"A decretação da prisão civil deve fundamentar-se na necessidade de socorro ao alimentando e referir-se a débito atual, por isto é que os débitos em atraso já não têm o caráter alimentar. Recurso Provido." (STJ RHC 4954, rel. Min. Anselmo Santiago, DJ de 27.05.1996. 6ª Turma).

---

[64] Op. cit. p. 180.

Em idêntico sentido, recente aresto do e. STF relatado pelo e. Min. Nélson Jobim.[65] Nota-se, portanto, que o entendimento jurisprudencial brasileiro se inclina, nos casos de prisão do devedor de alimentos, pela correção dos *errores in procedendo*, e não os *in judicando*, apesar de adotarmos posicionamento diverso, baseado na teoria dos motivos determinantes, colhida junto à boa doutrina administrativa. Bem por isto, mostra-se de capital importância a análise do tripé: competência, finalidade e forma do ato judicial decretatório da prisão, como razões de invocação de sua nulidade, através de *habeas corpus* civil.

Passemos, doravante, à breve análise das prisões em decorrência do depósito infiel e a aplicação do *habeas corpus*.

---

[65] HC-76377 / DF DJ DATA-23-10- Segunda Turma.

Habeas Corpus no Cível

7

Prisão civil decorrente de depósito infiel

A prisão civil decorrente de depósito infiel está ligada intimamente ao contrato de depósito, conforme ressalta Parizatto,[66] "visto que depositário é aquele que recebe de outrem, por confiança, a guarda de determinado bem, comprometendo-se a devolvê-lo quando lhe for exigido, nas mesmas condições de entrega (CC, art. 1.266)", e, mais adiante, pontifica que "o Código de Processo Civil, por sua vez, regula em seus arts. 901 a 906 a ação judicial que será utilizada para que o depositante exija a restituição da coisa depositada, tratando-a de ação de depósito, como está escrito no capítulo II do livro IV que trata dos procedimentos especiais de jurisdição contenciosa, isto é, que exige a formação do contraditório, com a constituição da relação jurídico-processual."

Além do contrato típico de depósito, o art. 66 da Lei 4.728/65, com a redação do Decreto-Lei 911/69, considera o adquirente como possuidor direto e depositário, com todas as responsabilida-

[66] Op. cit. p. 147.

96   *Eduardo Appio*

des e deveres decorrentes da legislação penal e civil, sendo que o art. 4º do decreto- lei concede ao credor a ação de depósito. Esta, por sua vez, é regulada pela processual civil que prevê a decretação da prisão, conforme ensinam Mauro Cunha e Roberto Geraldo Coelho Silva.[67] Os autores, conforme veremos mais adiante, aceitam a decretação da prisão civil na alienação fiduciária em garantia, sob o argumento de que a lei, na medida em que define ao devedor-fiduciante a qualidade de depositário, permite-lhe a decretação da prisão.

O art. 901, *caput*, do Código de Processo Civil, tem o seguinte teor:

"Esta ação tem por fim exigir a restituição da coisa depositada."

O art. 904, *caput*, e parágrafo único, do ordenamento processual civil, dispõe acerca da prisão civil do depositário infiel, exigindo a prolação de sentença condenatória:

"Julgada procedente a ação, ordenará o juiz a expedição de mandado para a entrega, em vinte e quatro (24) horas, da coisa ou equivalente em dinheiro.
Parágrafo único. Não sendo cumprido o mandado, o juiz decretará a prisão do depositário infiel."

No que concerne à alienação fiduciária em garantia, contida no Decreto-Lei 911/67, o art. 4º, *caput*, dispõe que:

"Se o bem alienado fiduciariamente não for encontrado ou não se achar na posse do deve-

---

[67] Op. cit. p. 110.

Habeas Corpus no Cível

dor, o credor poderá requerer a conversão do pedido de busca e apreensão, nos mesmos autos, em ação de depósito, na forma prevista no capítulo II, do título I, do Livro IV, do CPC."

Existe, ainda, uma terceira hipótese de prisão civil de depositário infiel que ocorre nos casos de depósito de bens penhorados, na qual, diferentemente da relação de direito privado do contrato de depósito, o depositário exerce uma função pública, tanto que é considerado auxiliar da justiça (CPC, art. 139). Bem por isto, parcela considerável da jurisprudência considera dispensável a propositura de ação de depósito:

> "Tratando-se de depósito de direito processual, em que o depositário é auxiliar do juízo da execução, a prisão civil é imposta no processo em que se realizou o depósito, não se lhe aplicando as normas sobre a ação de depósito, pois esta visa apenas à tutela do depósito que não seja judicial." (RT 523/477; 525/141; 594/137)

Recentemente, a construção pretoriana do e. STJ tem entendido cabível a decretação da prisão civil em caso de depositário infiel vinculado a contrato de penhor mercantil, citando-se, como *leading case* o julgamento do Resp 130.611-MG.[68]

Comecemos pela análise do contrato de depósito previsto no art. 1.266 do C.C.B., visto que existe exata correspondência entre a ação de depósito prevista no art. 901, *caput*, do Código de Processo

---

[68] HC 8.551-SP, Rel. Min. Carlos Alberto Menezes Direito, julgado em 23/3/1999.

Civil e o depósito enfocado, por força do disposto no art. 75, *caput*, do CC.

Cumpre, inicialmente, consignar que a ação de depósito é facultada mesmo antes de ocorrido o prazo final do contrato, visto que o depositário exerce seu *munus* em benefício do proprietário ou do possuidor indireto. Ainda,[69] a ação de depósito é facultada mesmo nos casos de depósito necessário (art. 1.282, I e II, do CC), sendo certo que o art. 1.265, ao não mencionar distinção entre coisas fungíveis e não-fungíveis, admite o depósito de coisa natural ou juridicamente fungível, como de depósito irregular, submetida a tratamento idêntico ao reservado para o mútuo (art. 1.280 do CC)," conforme leciona Nélson Nery Jr.

Citado o depositário, este tem campo reduzido para sua defesa, que deve se cingir, necessariamente, na alegação de nulidade ou falsidade do título e extinção das obrigações, além de defesa prevista na lei civil (art. 901, §2º, do CPC), tal como a incapacidade para a prática dos atos da vida civil, no caso de restituição.

Contestado o feito (art. 903 do CPC), o processo seguirá o procedimento ordinário, que poderá culminar com o julgamento da procedência do pedido (art. 904, *caput*, do CPC) e correlata expedição de mandado de prisão em caso de renitência na entrega ou indicação do local do bem. Abre-se, a partir deste momento processual, a possibilidade de impetração de *habeas corpus* preventivo ou liberatório, atacando-se a competência, finalidade e forma do ato constritivo. As defesas previstas na lei civil são

---

[69] Op. cit. p. 1.171.

as seguintes: o depositário não tomou conhecimento da pretensão do depositante (art. 1.265 do CC); não faltou com o zelo devido à guarda da coisa(art. 1.266); não devassou o invólucro da coisa que lhe foi entregue (art. 1.267); o depositante não pagou as despesas com a coisa (art. 1.279); não recebeu a coisa em solidariedade de outrem, que até, a coisa (art. 1.274); sobre a coisa pende execução que lhe foi notificada (art. 1.268); há suspeita de que a coisa foi furtada[70] ou roubada, ou objeto de apropriação indébita (art. 1.268 e 1.273);[71] já não tem a coisa depositada, mas outra equivalente (art. 1.271); recebeu o depósito de coisa divisível juntamente com outrem, que detém parte da coisa depositada (art. 1.274) e é herdeiro do depositário e de boa-fé alienou a coisa que estava em sua posse (art. 1.272).

Uma última hipótese foi decidida, recentemente, pelo E. STF (Primeira Turma, Rel. Min Moreira Alves, 22.05.98), ocasião em que ficou definido que "descabe prisão civil imposta a terceiro a que, por conluio fraudulento, foi transferido veículo alienado fiduciariamente à Caixa Econômica Federal.

---

[70] RESP 160129/SP; RECURSO ESPECIAL. DATA: 17/05/1999 Ministro SÁLVIO DE FIGUEIREDO TEIXEIRA.

[71] HC-77053 / SP. Relator Ministro MAURICIO CORREA.Publicação DJ DATA-04-09-98 - Segunda Turma:
EMENTA: 1- A Constituição proíbe a prisão civil por dívida, mas não a do depositário que se furta à entrega de bem sobre o qual tem a posse imediata, seja o depósito voluntário ou legal (art. 5º,LXVII). Os arts. 1º (art. 66 da Lei nº 28/65) e 4º do Decreto-lei nº 911/69, definem o devedor alienante fiduciário como depositário, porque o domínio e a posse direta do bem continuam em poder do proprietário fiduciário ou credor, em face da natureza do contrato. 2- Comprovado que o bem adquirido por alienação fiduciária em garantia foi objeto de apropriação indébita, configura constrangimento ilegal o decreto de prisão como depositário infiel.

Correto o parecer da Procuradoria-Geral da República, porquanto a prisão civil, que não é pena, mas meio de coerção processual destinado a compelir o devedor a cumprir a obrigação não satisfeita, só pode ser imposta, em face do artigo 5º, LVII, da Constituição, ao devedor de obrigação alimentícia e ao depositário infiel, hipóteses que não ocorrem no caso, em que, aliás, se aplicou a prisão civil como pena, *desviando-a, portanto, de sua finalidade.*" (grifei)[72]

Entendemos que tais defesas não podem ser aventadas quando da impetração do *habeas corpus*, visto que por força da preclusão temporal, o momento adequado seria o da defesa ou contestação ainda no rito ordinário, pena de rescindirmos, no segundo grau, a sentença oriunda de processo de conhecimento em ação de depósito, na via sumária e sem contraditório.

"Tendo em vista que é a infidelidade do depósito que justifica o decreto de prisão e não a dívida, sendo obrigação originária de lei, e confirmada a legalidade no recurso próprio, não há que se falar em constrangimento ilegal. Não sendo atribuído efeito rescisório ao *mandamus* do juízo cível, não cabe discutir a controvérsia apontada na impetração acerca da irregularidade do depósito, *matéria já transitada em julgado no juízo competente* (grifei)." (TRF da 4ª Região, HC 460032, 2ª Turma, DJ de 09.04.1997, rel. Tania Terezinha Cardoso Escobar)

No que concerne à ação de depósito decorrente de contrato em alienação fiduciária em garantia, a

---

[72] HC-76712 / PE.

alegação de parte da doutrina é no sentido de que o depositário-fiduciante poderá alegar todo tipo de matéria, visto que "o que está em jogo não é simplesmente o direito ao contraditório, mas o direito à liberdade".[73] Contudo, entendemos que a posição de Nélson Nery Jr.[74] encontra abrigo em parcela da jurisprudência, quando assevera que "a equiparação feita pela norma, do devedor ao depositário, não constitui verdadeiro e puro contrato de depósito. A CF 5º, LXVII, somente permite a prisão civil do verdadeiro depositário infiel. O devedor fiduciante não pode ter sua prisão civil decretada porque não é verdadeiro depositário, não se lhe aplicando a exceção do art. 5º da CF. A equiparação apenas permite a utilização da ação de depósito, mas sem a conseqüência da prisão civil do devedor fiduciante.

Todavia, há que se consignar que os tribunais do país partilham de diverso entendimento:

"É jurisprudência assente na e. Suprema Corte que a prisão civil do depositário infiel, em alienação fiduciária em garantia, não ofende o princípio constitucional (art. 5º, LXVII), porque a própria lei o constitui depositário (art. 66 da Lei 911/69). Prisão civil legalmente decretada que se mantém." (STJ, HC 5882, 5ª Turma, rel. Min. Cid Flaquer Scartezzini, DJ de 24.06.1996)

"A Jurisprudência do colendo Tribunal Federal e do e. STJ consolidou o entendimento segundo o qual é cabível, no depósito em alienação

---

[73] RESTIFE NETO, Paulo. *Garantia Fiduciária*. 2ª ed. 1976. São Paulo: RT Editora. p. 554.

[74] Op. cit. p. 1.579.

fiduciária, a prisão civil do depositário infiel". (TRF da 1ª Região, HC 5231, DJ de 01.09.1997, rel. Mário Cézar Ribeiro, 4ª Turma).

Recentemente, o e. STF registrou idêntico posicionamento, o qual assegura da constitucionalidade dos permissivos da prisão civil nos casos de depósito decorrente de alienação fiduciária em garantia. Assim, HC 77616/SP (Rel. Min. Ilmar Galvão – Primeira Turma – 22.09.1998):

"Ementa: Prisão civil. Depositário infiel. Legitimidade. Art. 5º, inc. LXVII, da Constituição Federal. Jurisprudência. O Supremo Tribunal Federal, no julgamento do *Habeas corpus* 72.131 (Plenário, 23.11.95), decidiu ser legítima a prisão civil do devedor fiduciante que não cumpriu o mandado judicial para entregar a coisa ou seu equivalente em dinheiro, tendo em vista que houve recepção do Decreto-Lei nº 911/69 pela Carta Política atual. Orientação reafirmada no julgamento do *Habeas corpus* 76.561 e do RE 206.482 (Plenário, 27.05.98). *Habeas corpus* indeferido".

Todavia, o e. Min. Sepúlveda Pertence possui entendimento contrário, ou seja, pela não-decretação da prisão civil.[75] Também no âmbito do e. S.T.F. o Min. Maurício Correa, em aresto recente, entendo não ser cabível o decreto de prisão, nos casos de apropriação indébita do bem alienado fiduciariamente.[76]

Até o início do ano de 1999, parcela do e. STJ se mantinha firme na posição contrária ao depósito

---

[75] 212046 / MG RECURSO EXTRAORDINÁRIO.

[76] HC-77053 / SP. DATA-04-09-98 - Segunda Turma.

Habeas Corpus no Cível

por equiparação, nos casos de alienação fiduciária em garantia, com especial relevo ao sempre notável Min. Ruy Rosado, o qual assegurava "inexistir relação de depósito na alienação fiduciária".[77]

Contudo, mais recentemente, já no mês de maio de 1999, a posição foi revista, com ressalvas, considerando as decisões iterativas da Suprema Corte, sob o entendimento de que:

"- É admissível pelo nosso direito a conversão do pedido de busca e apreensão, nos mesmos autos, em ação de depósito, se o bem alienado fiduciariamente não for encontrado ou não se achar na posse do devedor. II- Segundo decidiu a Corte Superior deste Tribunal (RMS 3.623-SP, DJ 29.10.96), na linha do entendimento do Supremo Tribunal Federal, intérprete maior do texto constitucional, e sem embargo da força dos argumentos em contrário, a prisão do depositário infiel na alienação fiduciária não vulnera a legislação federal infraconstitucional."[78]

Em idêntico sentido, o Ministro Carlos Alberto Menezes, com a seguinte ementa:[79]

"Recurso ordinário. *Habeas corpus*. Prisão civil. Depositário infiel. Alienação fiduciária. Veículo não encontrado. Provas. 1. Já assentou a Corte Especial que a 'prisão do depositário infiel na alienação fiduciária não vulnera a legislação federal infraconstitucional', estando assentada, ainda, em precedentes do Supremo

---

[77] RESP 149.518-GO, Rel. Min. Ruy Rosado, julgado em 24/02/1999. RESP 169294/RS. Data: 10/05/1999.

[78] RESP 144493/SP. RESP 164858/SP; Recurso Especial 1998/0012167-6. Data: 15/03/1999. Rel. Min. Sálvio de Figueiredo Teixeira.

[79] RHC 8060/SP 1998/0081286-5. Data: 01/03/1999.

Tribunal Federal. 2. O *habeas corpus* não é via adequada para o exame aprofundado de provas. 3. Recurso ordinário improvido."

Contudo, o mesmo julgador, em momento recente, esposou entendimento diverso, pelo descabimento da prisão civil (RESP 164104/SP Data: 07/06/1999), tese, inclusive, que continua esposada pelo e. Min. Ruy Rosado, sob o argumento de que o Pacto de San José da Costa Rica teria revogado o disposto no art. 1.287 do Código Civil Brasileiro.[80]

Todavia, apesar da força do entendimento do e. STF, registram-se julgados em sentido contrário no âmbito dos Tribunais Federais: "não pode ser objeto de penhora bem alienado fiduciariamente nas execuções ajuizadas contra o devedor fiduciante. Súm. 242 do TFR, na impossibilidade de ser efetivada a penhora, o devedor não pode ser nomeado depositário do bem, inexistindo a possibilidade de contra ele ser decretada prisão civil. Ordem concedida." (TRF da 4ª Região, rel. Volkmer de Castilho, HC 444594, DJ de 02.10.96).

"Ilegal o decreto de prisão civil expedido contra devedor fiduciante, porque este não pode ser considerado depositário infiel. Recurso Provido." (STJ RHC 4483, rel. Min. Anselmo Santiago, Unânime, DJ de 10.06.96, 6ª Turma do STJ)

Ainda no âmbito do E. STJ o eminente Min. Ruy Rosado de Aguiar, na qualidade de relator, foi "voto-vencido" no Recurso Especial 88575, publicado no DJ de 12.08.96, na medida em que defendeu a ilegalidade da prisão civil do fiduciante-devedor.

---

[80] RESP 198191/MG DATA:10/05/1999.

Habeas Corpus no Cível

Finalizando, cumpre ressaltar que o e. S.T.J., no HC 4577, publicado no DJ de 05.08.96, concedeu *habeas corpus* para o só efeito de dar efeito suspensivo a agravo interposto tempestivamente contra a prisão civil do fiduciante-devedor.

Analisadas, mesmo que brevemente as três espécies de prisão civil decorrente de depósito infiel, legitimadas pela doutrina e jurisprudência, passemos às conclusões do estudo.

Conclusão

Com exceção das prisões civis decorrentes de depositário infiel e de inadimplemento de dívida alimentícia - art. 5º, LXVII, da Constituição Federal - as demais prisões, inclusive as constantes do Código Comercial Brasileiro e da Lei de Falências, se encontram revogadas pela Lei Maior.

O *habeas corpus* civil pode ser impetrado em concomitância com o recurso de agravo, visto instaurar nova relação processual, por se constituir em ação autônoma de impugnação.

A liminar em ação mandamental de *habeas corpus*, a exemplo das ações possessórias, tem caráter antecipatório, e não cautelar.

A decretação da prisão civil deve ser necessariamente fundamentada, analisados os aspectos de inescusabilidade e voluntariedade do inadimplemento da dívida alimentícia.

O ato judicial decretatório da prisão civil, seja do depositário infiel, seja do inadimplente em obrigação alimentícia, deve ser atacado em seus três requisitos de validade: competência, finalidade e forma, adotando-se a teoria dos requisitos de validade do atos administrativos, por razões históricas e teleológicas da prisão civil.

Habeas Corpus no Cível

A prisão civil do alimentante se fará do modo menos gravoso a sua pessoa, diferindo o modo de execução dos alimentos provisórios ou definitivos, constantes da Lei 5.478/68 e os provisionais, previstos no art. 733, *caput*, do Código de Processo Civil. Assim como o conteúdo publicístico do processo não fica adstrito ao alvedrio das partes, resta evidenciado que ao magistrado, no uso do impulso oficial, incumbe a tarefa de determinar que o credor se utilize, no caso dos alimentos provisórios, de: 1º) desconto em folha; 2º) cobrança de alugueres de prédios ou outros rendimentos percebidos pelo devedor; 3º) penhora e expropriação de bens; 4º) prisão civil do devedor (coação pessoal).

Os prazos máximos para a prisão do devedor de dívida alimentícia, previstos na Lei 5.478/68 e no Código de Processo Civil (art. 733, § 1º) subsistem em sua integralidade, visto que a Lei 6.014/73 não alterou a legislação do tema.

A jurisprudência tende a analisar o decreto de prisão civil apenas em seu aspecto formal - *errores in procedendo*- não aceitando a análise do conteúdo probatório - *errores in judicando* - diante da sumariedade do *writ*.

A prisão decorrente de alienação fiduciária em garantia não foi albergada pela Constituição Federal de 1988, voltada que estava para os casos de contrato de depósito, regulado pelo Código Civil e o depósito judicial, regulado pelo Código de Processo Civil.

A jurisprudência aceita a impetração de *habeas corpus* para o efeito exclusivo de se conceder efeito suspensivo a recurso de agravo interposto contra o decreto de prisão civil.

Referências bibliográficas

ACKEL FILHO, Diomar. *Writs constitucionais: habeas corpus, mandado de segurança, mandado de injunção, habeas data.* 2. ed. São Paulo: Saraiva, 1991, 224 p.

AMENDOLA NETO, Vicente. *Habeas corpus: tráfico de entorpecente.* Leme: LED, 1996, 190 p.

CARNEIRO, Nélson. *A nova ação de alimentos.* Rio de Janeiro: Freitas Bastos, 1972, p. 43.

CRETELLA JÚNIOR. *Comentários à Constituição Brasileira de 1988.* 3ª ed. V. 1. 1992, p. 562.

CUNHA, Mauro; SILVA, Roberto Geraldo Coelho. *Habeas corpus no direito brasileiro: de acordo com a nova constituição.* 2. ed. Rio de Janeiro: Aide, 1990. 204 p.

DEMERCIAN, Pedro Henrique, & MALULY, Jorge Assaf. *Habeas corpus.* Rio de Janeiro: AIDE, 1995.

FERREIRA, Pinto. *Teoria e Prática do Habeas corpus.* 3ª ed. São Paulo: Saraiva, p. 03.

MELLO, Celso A. Bandeira de. *Curso de Direito Administrativo.* São Paulo: Malheiros Editores, 1995, p. 203

MIRANDA, Pontes de. *História e Prática do Habeas corpus.* 8ª ed. Rio de Janeiro: Borsoi, 1972. t.1, p. 07.

MOREIRA, José Carlos Barbosa. *Comentários ao Código de Processo Civil.* 6ª ed. Rio de Janeiro: Forense, 1994, p. 207

MOSSIN, Heraclito Antonio. *Habeas corpus: antecedentes históricos, hipóteses de impetração, processo, competência e recursos, modelos de petição, jurisprudência.* São Paulo: Atlas, 1995, 275 p.

MOSSIN, Heráclito. *Habeas corpus.* São Paulo: Atlas, 1995, p. 148.

NOGUEIRA, Paulo Lúcio. *Instrumentos de Tutela e Direitos Individuais.* São Paulo: Saraiva, 1994

PARIZATTO, João Roberto. *Do Habeas corpus: doutrina, prática forense e jurisprudência*. Rio de Janeiro: Aide, 1991. 217 p.

PELLEGRINO, Laércio. *O habeas corpus: teoria, prática, jurisprudência*. 2. ed. Rio de Janeiro: Forense, 1992. 142 p.

PEREIRA, Luiz Alberto Ferracini. *Habeas corpus: doutrina, prática e jurisprudência*. São Paulo: LED, 1996. 190 p.

RAMOS, Dirceo Torrecillas. *Remédios constitucionais: habeas corpus, mandado de segurança coletivo, ação popular, ação civil pública, mandado de injunção, habeas data-petição e certidão*. São Paulo: Angeloti, 1993. 61 p.

RESTIFE NETO, Paulo. *Garantia Fiduciária*. 2ª ed. São Paulo: RT, p. 554.

SIDOU, José Maria Othon. *Habeas corpus: mandado de segurança, mandado de injunção, habeas data, ação popular*. 4. ed. Rio de Janeiro: Forense, 1992. 578 p.

SILVA, José A. da. *Curso de Direito Constitucional Positivo*. 9ª ed. São Paulo: Malheiros, 1994. p. 148.

THEODORO JUNIOR, Humberto. *Curso de Direito Processual Civil*. Vol. I. 11ª ed. Rio de Janeiro: Forense, 1993, p. 175.

livraria DO ADVOGADO editora

O maior acervo de livros jurídicos nacionais e importados

Rua Riachuelo 1338
Fone/fax: **0800 517522**
90010-273 Porto Alegre RS
E-mail: info@doadvogado.com.br
Internet: www.doadvogado.com.br

Entre para o nosso mailing-list

e mantenha-se atualizado com as novidades editoriais na área jurídica

Remetendo o cupom abaixo pelo correio ou fax, periodicamente lhe será enviado gratuitamente material de divulgação das publicações jurídicas mais recentes.

✓ Sim, quero receber, sem ônus, material promocional das NOVIDADES E REEDIÇÕES na área jurídica.

Nome: _____

End.: _____

CEP: _____-_____ Cidade: _____ UF:____

Fone/Fax: _____ Ramo do Direito em que atua: _____

Para receber pela Internet, informe seu E-mail: _____

_____
assinatura

Visite nossa livraria virtual na internet

www.doadvogado.com.br

ou ligue grátis

0800-51-7522

✂

DR-RS
Centro de Triagem
ISR 247/81

CARTÃO RESPOSTA
NÃO É NECESSÁRIO SELAR

O SELO SERÁ PAGO POR

LIVRARIA DO ADVOGADO LTDA.

90012-999   Porto Alegre   RS